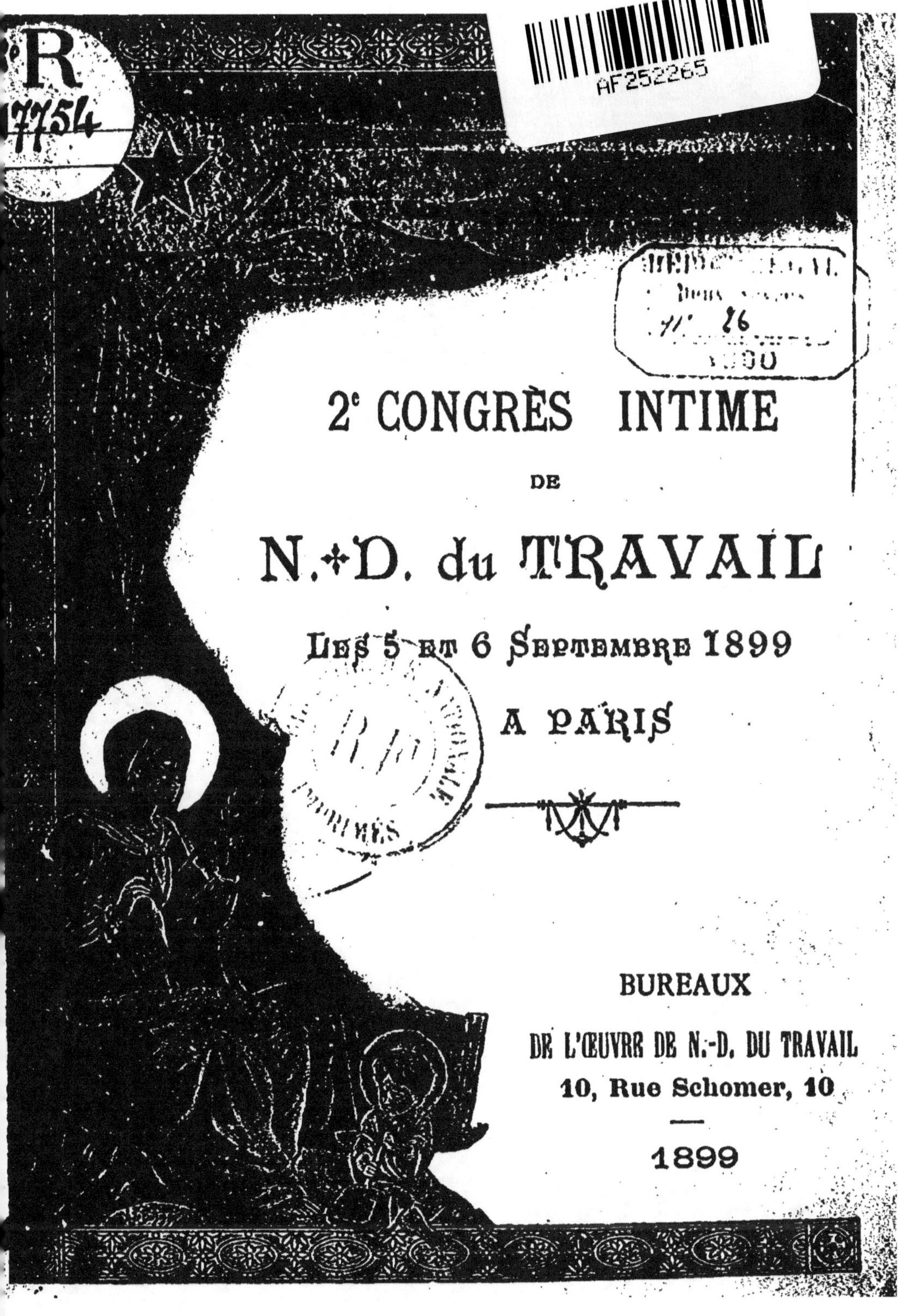

2ᵉ CONGRÈS INTIME

DE

N.-D. du TRAVAIL

LES 5 ET 6 SEPTEMBRE 1899

A PARIS

BUREAUX

DE L'ŒUVRE DE N.-D. DU TRAVAIL
10, Rue Schomer, 10

1899

2ᶜ CONGRÈS INTIME

DE

NOTRE - DAME DU TRAVAIL

2ᵉ CONGRÈS INTIME

DE

NOTRE-DAME DU TRAVAIL

Tenu à Notre-Dame de Plaisance

LES 5 ET 6 SEPTEMBRE 1899

SALLE JEANNE D'ARC

A PARIS

PARIS

BUREAUX DE L'ŒUVRE DE N.-D. DU TRAVAIL

10, Rue Schomer, 10

—

1899

2ᵉ CONGRÈS INTIME
DE N.-D. DU TRAVAIL

Salle JEANNE D'ARC, 16, rue Vercingétorix
Paris-Plaisance

SUR LES BULLETINS PAROISSIAUX

Horaire

Mardi 5 et Mercredi 6 septembre 1899

Séances à 9 h. et à 4 h. 1/2. — Salut à la fin de la journée

On pourra prendre ses repas au fourneau paroissial, comme l'année dernière, moyennant 2 francs le repas de midi et du soir, et 0,50 le petit déjeuner du matin.

Le prix des cartes de congressiste, donnant droit au compte rendu, est fixé à 5 francs.

QUESTIONNAIRE

Iʳᵉ PARTIE

1º *Nature du Bulletin.* Est-il un organe purement sacerdotal ? le trait d'union entre le curé et ses paroissiens ? Peut-on le faire servir à des intérêts particuliers ?

2º *Objet.* Ne pourrait-il pas suppléer à la prédication que les paroissiens n'entendent pas ? Énumérer les autres objets...

3º *But.* Ne peut-il servir à renseigner le peuple sur tous ses intérêts spirituels ? Enumérer les autres buts...

4º *Utilité.* N'est-il pas utile pour certaines communications que le prêtre ne peut pas faire en chaire, même dans les paroisses religieuses ? N'est-il pas nécessaire dans les paroisses où les fidèles ne viennent pas à l'Eglise ? Quel est votre avis à ce sujet ?

5º *Importance.* N'est-elle pas la même que la mission du prêtre, puisque ce n'est que la parole écrite du prêtre de paroisse ?

IIe Partie

1º **Questions à traiter.** Ne semble-t-il pas qu'il comporte toutes les questions suivantes, qui atteignent tous les membres de la famille paroissiale ?

Pour tous : Instruction religieuse : Apologétique, dogme, morale, piété, etc.

Pour les parents : éducation des enfants.

Pour les ouvriers : principes de la vie professionnelle, et moyens d'améliorer sa situation.

Pour les mères de famille : Science ménagère, hygiène, médecine domestique, comptabilité domestique, etc., cuisine économique ; les meilleurs aliments.

Sujets divers et variétés.

2º **Rédaction.** Indiquer ses qualités. Ne faut-il pas éviter les abstractions, pour viser au réel et au pratique ? Un style familier, mais toujours digne. Ne faut-il pas éviter tout ce qui peut blesser un paroissien quelconque?

3° **Forme matérielle**. Quel est votre avis à ce sujet? Journal, revue, brochure, tract, etc..; format, papier, typographie...

4° **Périodicité**. Tous les mois, tous les quinze jours, ou tous les huit jours?

5° Quel est à votre avis le bulletin paroissial **idéal**? Est-ce le bulletin fait tout entier par chaque curé pour sa paroisse?

6° Quels sont les résultats obtenus par le bulletin paroissial?

7° Quel est le mode de distribution à domicile le plus pratique et le moins coûteux?

Obstacles : Quelles difficultés voyez-vous à la création du bulletin purement paroissial?

Quels sont les résultats bons et mauvais des essais qui ont été tentés?

IIIe Partie

Bulletins Paroissiaux collectifs

1° Utilité des bulletins paroissiaux collectifs?

2° Forme des bulletins collectifs. N'est-il pas utile qu'il y ait une partie spéciale, faite par le curé de la paroisse, avec la signature du curé? La partie générale comprendrait les questions énumérées 2e partie, 1°.

3º N'est-il pas utile que les bulletins paroissiaux collectifs soient différents selon le milieu industriel ou agricole ? Comment concevez-vous un bulletin adapté à des populations mi-industrielles et mi-agricoles ?

4º But des Unions : Doivent-elles chercher à centraliser ? ou bien seulement à faciliter l'éclosion des bulletins paroissiaux, qui pourraient ensuite former des groupements régionaux de nouveaux bulletins paroissiaux ?

5º Comité de rédaction. Le croyez-vous nécessaire ? Ne faudrait-il pas qu'il fût composé de prêtres spécialisés dans une question dont ils ont l'expérience pratique, mais non de théoriciens ?

6º Ressources. Quels moyens de se procurer les ressources nécessaires ? Que pensez-vous des distributions gratuites avec abonnements facultatifs ? des abonnements payants ? des annonces locales, ou autres, mais bien choisies ? Ne pourrait-on pas y intéresser les personnes qui s'occupent du relèvement religieux ? Ne pourrait-on pas demander des subventions aux œuvres d'apostolat ? aux associations religieuses paroissiales, etc., auxquelles le bulletin servirait d'organe, etc. ?

N.-B.—Prière à ceux qui ne pourront pas venir d'envoyer leurs notes et leur adhésion avant le Congrès à M. l'abbé Saubin, secrétaire, 10, rue Schomer, à Paris.
Prière de préparer des réponses courtes et précises aux diverses questions pour éviter les pertes de temps au Congrès

MEMBRES PRÉSENTS AU CONGRÈS

MM.

Abbé Alberque, curé de Coudray-au-Perche (Eure-et-Loir).

Abbé Alfonsi, rue du Bac, Paris.

Abbé Ambler, vicaire à St-Michel des Batignolles, Paris.

Abbé Annedouche, des Œuvres du Rosaire, 182, rue de Vanves, Paris.

Abbé Barré, curé de Souancé (Eure-et-Loir).

Abbé Biet, curé de St-Pierre-des-Corps, Tours.

Abbé Blanc, doyen de Genolhac (Gard).

Abbé Boyreau, directeur des Œuvres du Rosaire, 182, rue de Vanves, Paris.

Abbé Brellaz, à Niort (Deux-Sèvres).

Abbé Bros, professeur de philosophie à l'Ecole St-Etienne, Meaux.

Abbé Buret, vicaire à N.-D. de Plaisance, Paris.

Abbé Chaptal, id.

Abbé Crublet, vicaire à Liffré (Ille-et-Vilaine).

Abbé Dabry, Directeur du journal « La Vie Catholique », Paris.

MM.

Abbé DELAHAYE, curé de la Chapelle-St-Mesmin, (Loiret).

DELAPORTE, de la Commission des Patronages, Paris.

DELAVENNE, publiciste, Paris.

Abbé FESCH, rue de Paris, 247, Clamart (Seine).

Abbé FLEUREAU, curé de Morville (Loiret).

Abbé FLEUREAU, vicaire à St-Marc, Orléans.

Abbé GALLAY, vicaire à N.-D. de Plaisance, Paris.

Abbé GERBAULT, doyen de Malesherbes (Loiret).

Abbé GIBIER, curé doyen de St-Paterne, Orléans.

Abbé GONTEROT, 10, rue Schomer, Paris.

R. P. GOURAT, de l'Oratoire, Paris.

Abbé GRANDREMY, curé de Balan, par Sedan (Ardennes).

ISABELLE, du Sillon, Paris.

Abbé ISNARD, à Orléans.

Abbé JOULIN, doyen de Mer (Loir-et-Cher).

Abbé KAICHINGER, des Œuvres du Rosaire, Paris.

Abbé K..., à Paris.

R. P. LAFFORGUE, missionnaire du Travail, Tarbes.

Abbé LARMENIER, vicaire à St-Ouen (Seine).

Abbé LECORNUT, curé de La Couture, Le Mans.

LEROY, 34, rue d'Hauteville, Paris.

Mgr LESUR, curé et maire de Mortiers (Aisne).

Abbé LEVIVIER, des Œuvres du Rosaire, Paris.

MM.

R. P. MARIE-ANTOINE, de l'Assomption, 8, rue François Ier, Paris.

MASSON, à Paris.

Abbé MOREAU, curé de Courbouzon (Loir-et-Cher).

Abbé DE NEUVILLE, curé de Gentilly (Seine).

Abbé NIOBEY, professeur au Petit Séminaire de St-Lô (Manche).

Abbé OBERT, curé de Tannay (Ardennes).

Abbé POIRIER, curé de Saulx-les-Chartreux (Seine-et-Oise).

Abbé ROBLOT, 68, rue François-Miron, Paris.

RONDELET, éditeur, rue de l'Abbaye, Paris.

SARACENAZ, publiciste, Paris.

Abbé SAUBIN, vicaire à N-D. de Plaisance, Paris.

Abbé SCHAEFER, aumônier du Lycée Montaigne, Paris.

Abbé SOULANGE-BODIN, curé de N-D. de Plaisance, Paris.

TISSIER, 10, rue Schomer, Paris.

Abbé TROCHU, à Fougères (Ille-et-Vilaine).

VERDUN, rédacteur à « La Vérité », Paris.

ADHÉRENTS AU CONGRÈS

MM.

Abbé APCHER, curé de Gourville, par Aigre (Charente).

BELLE, secrétaire de l'Œuvre des Campagnes, Paris.

Abbé BELLET, doyen de Meung-sur-Loire (Loiret).

Abbé BOUIN, curé de St-Hilaire-la-Palud (2-Sèvres).

Abbé BOULANGER, curé de Chavignon (Aisne).

Abbé BOURDEAU, curé de Champeaux (Deux-Sèvres).

Abbé BRICOUT, Directeur de la « Revue du Clergé Français », Paris.

Abbé BRIVES, Mirepoix (Ariège).

Abbé BRUNEAU, curé d'Alligny-en-Morvan (Nièvre).

Abbé BRUNON, vicaire à Izieux (Loire).

Abbé BUTET, vicaire à St-Pierre de Montrouge, Paris.

Abbé CASANOVA, doyen de St-Jean, Bastia (Corse).

Abbé CETTY, curé de St-Joseph, Mulhouse.

Abbé CHAIZE, vicaire à St-Fons (Rhône).

Abbé CHAPELON, vicaire de Montaud, à St-Etienne (Loire).

Abbé CHASTAN, à Lyon.

Abbé CHATAIN, curé de Bayas (Gironde).

Abbé COLSON, curé de Crancey (Aube).

MM.

Abbé DUFLOT, doyen de St-Nicolas, Arras.

Abbé FAIX, curé de Josnes (Loir-et-Cher).

Abbé FERON, curé de Soindres (Seine-et-Oise).

R. P. FONTAN, supérieur des missionnaires du Travail, à Tarbes.

Abbé FOURNIER, à Brie-Comte-Robert (Seine-et-Marne).

Abbé GALLIOT, curé de Passavant (Marne).

Abbé GARDIN, curé de Lonny (Ardennes).

Abbé GASNIER, curé de Tivernon (Loiret).

Abbé GODIN, doyen d'Albert (Somme).

Abbé HOUZÉ, curé d'Houville (Eure-et-Loir).

Abbé HURIET, vicaire à la cathédrale, Toul.

Abbé JECHOUX, curé de Mersuay (Haute-Saône).

Abbé LAFFON, prêtre de la Mission, Paris.

Abbé LARRONDO, curé de Ste-Germaine, Toulouse.

Abbé LARTHE, vicaire à St-Pierre-des-Corps, Tours.

Abbé LASSUDRIE, archiprêtre de Nontron (Dordogne).

Abbé LATOUR, archiprêtre de Libourne (Gironde).

Abbé L'EBRALY, à Ussel (Corrèze).

Abbé LEPROUX, curé de Puyréaux (Charente).

Abbé LOUVOT, curé de St-Claude, Besançon.

Abbé MANDET, curé de Monteignet (Allier).

Abbé MARMOITON, curé de Lempdes (Puy-de-Dôme).

Abbé NEVEU, archiprêtre de Pontoise (Seine-et-Oise).

MM.

Abbé Nougaret, curé de St-Joseph, Cette.

Abbé P... (Haute-Vienne).

Abbé Péfourque, curé de St-Sylve, Toulouse.

Abbé Perret, vicaire à St-François de Sales, Bou-
logne-sur-Mer.

Abbé Pichat, à St-Augustin, Lyon.

Abbé Robert, vicaire à St-Pierre-des-Corps, Tours.

Abbé Robin, curé de Mièges (Jura).

Abbé Rude, curé d'Uchizy (Saône-et-Loire).

Abbé Sifflet, aumônier de l'Ecole professionnelle
La Salle, Lyon.

Abbé Toison, curé d'Avrigny (Oise).

Abbé Tournamille, curé de St-Pierre, Toulouse.

Abbé Tournier, vicaire à St-Sylve, Toulouse.

Abbé Toussaint, curé de Glaire (Ardennes).

R. P. Truck, S. J., directeur de l'Œuvre des Campagnes, Paris.

Abbé Uzureau, chapelain du Champ-des-Martyrs,
par Angers.

Abbé Vioche, curé de Chaource (Aube).

R. P. Watrigant, S. J. à Lille.

CONGRÈS INTIME

SUR

LES BULLETINS PAROISSIAUX

Tenu à Notre-Dame de Plaisance

Dans la Salle Jeanne d'Arc

SOUS LE PATRONAGE DE NOTRE-DAME DU TRAVAIL

SOUS LA DIRECTION DE

M. l'Abbé SOULANGE-BODIN, Curé de la Paroisse

Voici quelques explications qui aideront le lecteur à connaître la marche des séances. Les questions du programme posées par le Président de la séance sont en *italiques*. Le Rapporteur général répond à chaque question en lisant un passage de son rapport : il est imprimé en caractères ordinaires. Le Secrétaire général donne ensuite lecture des extraits de rapports particuliers qui ont été envoyés des départements ; c'est ce qui se lit en petits caractères. Viennent enfin les discussions, en caractères ordinaires.

Nous remercions Messieurs les Curés qui ont envoyé des réponses au questionnaire. Le cadre de ce travail ne nous permet pas de les donner toutes *in extenso*, mais nous en reproduisons les parties les plus saillantes. Nous regrettons avec eux que leurs occupations nous aient privés de les entendre ; à en juger par certains rapports, la parole de leurs auteurs aurait été intéressante.

2

PREMIÈRE SÉANCE

Mardi matin, 5 septembre

Monsieur l'abbé **Gibier**, curé de Saint-Paterne, à Orléans, est nommé Président du Congrès. — On récite la prière.

M. Gibier. — Je remercie M. le Curé de Plaisance de nous recevoir avec tant d'amabilité et je vous remercie aussi vous tous, messieurs, de vous être réunis pour étudier un nouveau moyen d'apostolat. Nous voulons prendre contact avec le peuple. Nous allons étudier un nouvel instrument de travail et rechercher les moyens de nous en servir. Cet instrument, c'est le Bulletin paroissial. A peine connus il y a cinq ou six ans, ils sont aujourd'hui bien répandus déjà et sont devenus presque une institution, grâce à l'esprit d'initiative, à l'habileté et au zèle de quelques ardents pionniers. Ils sont ici présents, du moins un certain nombre. Nous nous ferons un plaisir de les entendre nous exposer ce qu'est cette œuvre que beaucoup d'entre nous ne connaissent encore que de réputation. (*Applaudissements*). Voici la 1re question du programme :

Nature du Bulletin. Est-il un organe purement sacerdotal, le trait d'union entre le curé et ses paroissiens ? Peut-on le faire servir à des intérêts particuliers ?

M. Brellaz, *rapporteur.* — (Les réponses de ce rapport ont été prises en partie dans les documents suivants : 1° une notice sur le Bulletin paroissial, faite, sur la demande de Mgr l'Evêque de Moulins, par M. l'abbé Mandet, curé de Monteignet (Allier) ; 2° un article du R. P. Watrigant paru dans les *Etudes* en 1897 ; 3° une brochure de M. l'abbé Hégo, curé de Sin-le-Noble, directeur de la *Quinzaine Paroissiale,* brochure intitulée : *Que faire ? ;* 4° un document du ministère pastoral de l'Œuvre des Campagnes, très bien fait comme tous ceux édités par cette œuvre.)

Le Bulletin paroissial, comme son nom l'indique, est l'organe *religieux* de la paroisse. C'est, par conséquent, l'organe du curé. Mais celui-ci, comme nous le verrons plus tard, ne doit pas le faire servir à ses intérêts particuliers, par exemple: en user comme d'un instrument de polémique contre ses adversaires personnels, les paroissiens avec lesquels il est en difficulté, contre un mauvais maire, un mauvais instituteur, un mauvais conseil municipal, ou encore contre l'autorité civile ou ecclésiastique.

M. Gonterot donne lecture de quelques réponses reçues des départements.

M. Jéchoux. — Oui, pour la première question, non pour la dernière. Il ne faut rien de mercantile.

M. Faix. — Le Bulletin paroissial ne peut pas être autre chose, dans une paroisse, qu'un moyen d'apostolat. Il doit donc arriver dans les familles avec l'autorité et sous la responsabilité du prêtre. Donc le Bulletin doit être l'œuvre du curé ou des vicaires, sous la direction et la responsabilité du curé.

M. Chalain. — Organe purement sacerdotal.

M. Neveu. — Organe purement paroissial, comme les feuilles financières, médicales, etc., qui traitent exclusivement de matières spéciales.

M. Rude. — Organe purement sacerdotal entre curé et paroissiens. Il ne faut pas s'occuper des intérêts particuliers.

R. P. Watrigant. — Demande qu'on exclue ce qu'il y a de trop étroit dans le mot paroissial, mais souhaite qu'on arrive, après le bulletin paroissial, au livre d'heures paroissial.

M. Sifflet. — L'idée des bulletins paroissiaux est une des plus fécondes du siècle. L'avenir, surtout pour les bulletins collectifs, leur est assuré.

M. Bruneau. — J'ai un Bulletin paroissial. Il ne parle que de religion.

M. Latour. — Je publie un calendrier paroissial qui me permet d'écrire pas mal de choses utiles à mes paroissiens.

M. P... — Organe modeste, mais généralement purement sacerdotal. C'est le vicaire passe-partout. Il doit concourir à faire aimer la paroisse et à restaurer la vie de paroisse.

M. Galliot. — J'admettrais une première partie comme organe du curé, et une deuxième partie où l'on aborderait des questions d'intérêts divers.

M. Pichat. — Organe purement sacerdotal : en principe,

oui. Mais je ne vois pas d'inconvénients à ce que le Maire (à *la campagne*), l'instituteur et autres auxiliaires laïcs du clergé y écrivent. Il doit être un trait d'union entre le curé, le clergé et la paroisse, et aussi entre les membres de la paroisse. Il ne peut pas servir à des intérêts d'argent et de commerce qui devraient mal impressionner une partie de la paroisse.

M. Gasnier. — Il me semble que le Bulletin doit être un organe purement sacerdotal, le trait d'union entre le curé et ses paroissiens. D'ailleurs, à quels intérêts particuliers peut-il servir?

M. Huriet. — Je ne crois pas à l'avenir des Bulletins paroissiaux. Les Bulletins de Patronage sont tout ce qu'on peut espérer créer comme organes acceptés du clergé paroissial. J'en ai fondé un ici, à Toul, et c'est en m'adressant aux enfants par le Journal du Patronage que j'atteins mieux les parents.

M. Robin. — Le Bulletin doit être un trait d'union entre le curé et les paroissiens. — Qu'entend-on par intérêts particuliers? On peut s'en servir pour aider une œuvre paroissiale, cercle ou patronage, une souscription, par exemple pour une cloche, mais pas d'annonces dans un cercle aussi restreint, cela aurait trop d'inconvénients.

M. Chaize. — Le Bulletin doit être avant tout religieux, mais sans négliger les autres intérêts du peuple auquel il s'adresse.

M. Gibier. — Nous sommes tous d'accord, je pense,

sur la nature du Bulletin. Il doit être tout apostolique, ne contenir ni polémique, ni idée mercantile.

M. Delahaye. — Il est trop sévère d'interdire toute polémique. Il suffit qu'elle soit faite dans un esprit d'impartialité. Si un curé fonde une école et qu'il soit pour cela attaqué, il faut bien qu'il s'explique.

M. Gibier. — Cette question reviendra. En général, il vaut mieux s'en abstenir ; mais il est certains cas particuliers où elle ne serait pas déplacée.

La question suivante porte sur l'objet du Bulletin :

OBJET. — *Ne pourrait-il pas suppléer à la prédication que les paroissiens n'entendent pas ? Enumérer les autres objets...*

Nous pouvons joindre la 3ᵉ question à celle-ci, car elles se confondent un peu :

BUT. — *Ne peut-il pas servir à renseigner le peuple sur tous les intérêts spirituels ? Enumérer les autres buts...*

M. Brellaz. — L'objet du Bulletin est de mettre le prêtre de paroisse en communication régulière et périodique avec tous ses paroissiens et de les intéresser à la vie paroissiale.

On se plaint, non sans motifs, que l'esprit paroissial soit en décadence. N'est-ce pas, parce que les fidèles ne sont plus en rapports constants avec leur curé et qu'ils sont étrangers à la vie de la paroisse? Le Bulletin est le meilleur remède à cet état de choses. Il réveillera sûrement l'esprit paroissial chez un bon nombre de fidèles.

Son but est aussi de suppléer à l'insuffisance actuelle de l'enseignement par la chaire en donnant l'instruction et l'éducation religieuses nécessaires aux paroissiens nombreux qui ne viennent plus ou ne viennent que rarement à l'église écouter la parole du pasteur. Il peut enfin servir à renseigner le peuple sur tous ses intérêts spirituels et même matériels.

M. Faix. — Il y a nombre de choses, d'avis, de reproches même, qu'il est difficile, souvent impossible, de dire du haut de la chaire, et qui seront parfaitement venus dans le Bulletin.

M. Jéchoux. — Il peut suppléer à la prédication, mais d'une façon discrète. Il peut servir pour tous les intérêts spirituels et même temporels.

M. Châtain. — Même avis.

M. Neveu. — Le Bulletin devrait servir aussi à l'annonce des fêtes, à rappeler aux fidèles ce qu'ils doivent faire à l'occasion des sacrements, etc.

M. Rude. — Le Bulletin doit être une aimable prédication à domicile, sans préjudice pour celle qui a lieu à l'église.

M. Sifflet. — Il pénètre là où le prêtre ne peut pas aller.

M. Bruneau. — J'ai fait mon Bulletin pour atteindre une foule de gens qui ne viennent pas à l'église.

M. Latour. — Le Bulletin est un moyen de restaurer l'esprit paroissial.

M. P... — Il doit faire aimer la paroisse et concourir à relever cette vie de paroisse disparue de trop d'endroits. Par cette vie, on s'intéresse au bien de l'église, aux œuvres paroissiales ; on établit ces œuvres là où elles manquent, on leur donne une plus forte impulsion quand elles existent. Le Bulletin aborde une quantité de questions rarement traitées par le prédicateur. Il est très souvent beaucoup mieux écouté. Il servira à renseigner le peuple sur ses intérêts spirituels à lui. Tout le reste devra se rapporter à cela. S'il y a le mot pour rire, ce sera toujours pour arriver à la conversion : un calcul habile et non pas un compromis ni une défaite.

M. Galliot. — Son but est de secouer l'indifférence des paroissiens, les intéresser à la religion, à la bonne éducation des enfants, etc.

M. Pichat. — C'est le seul moyen de suppléer à la prédication. Il devrait en outre servir à tous renseignements pratiques et intellectuels intéressant les paroissiens. On peut même y admettre les récréations amusantes pour les enfants et pour les grandes personnes.

M. Gasnier. — Il peut servir à renseigner le peuple sur ses intérêts spirituels et temporels. Que de conseils tout pratiques on peut donner ! Que de préjugés on peut dissiper, etc.

M. Vioche. — Le but principal est de pourvoir aux intérêts spirituels. Mais si, pour le mieux atteindre, il est utile de s'occuper des intérêts matériels, il ne devra pas les négliger. Sous ce rapport, il devra tendre au mieux pour se faire ouvrir les portes.

M. Robin. — Il ne peut pas remplacer le prédicateur, — y suppléer, oui, pour ceux qui ne peuvent l'entendre. Par des traits bien choisis, par des considérations courtes, il peut, à la longue, encourager et ramener au bien ceux qui ne vont jamais à l'église.

M. Bouin. — Il en est des Bulletins paroissiaux comme des moyens de locomotion qui arrivent à une perfection relative inconnue de nos pères. Nous sommes à la période de formation, d'organisation, de tâtonnement pour l'œuvre des Bulletins paroissiaux, mais nous sommes dans le mouvement et nous arriverons sûrement au but, qui est l'instruction chrétienne de nos paroissiens.

Une vive discussion s'engage. Il a été impossible de la reproduire avec un peu de suite. Il s'en dégage les idées suivantes : Quelques membres soutiennent qu'il faut commencer par compléter l'enseignement avant de ramener l'esprit paroissial. D'autres n'ayant pas à déplorer la désagrégation de leur paroisse (*à la campagne*) avancent que l'esprit paroissial est inutile. Les curés des grandes agglomérations réclament le retour à l'esprit paroissial perdu.

M. Gibier. — Le Bulletin paroissial permet cependant d'entrer, de pénétrer dans les familles qui ne fréquentent pas les églises. J'ajouterai même qu'il complète avantageusement, lorsqu'il ne l'établit pas entièrement, l'instruction religieuse parmi les hommes qui ne viennent pas à l'église. Les services que peut rendre ce Bulletin peuvent se ramener à trois principaux : 1° atteindre les paroissiens ; 2° les instruire ; 3° les renseigner. J'estime qu'on peut ainsi travailler à restaurer la vie paroissiale.

M. Delahaye. — Ne pourrait-on remplacer ces différents termes . objet, but, utilité, etc., par le mot : nécessité ? Il faut quand même que nous instruisions nos paroissiens. Ils se défient de nous quand nous leur parlons. Les écrits sont moins discutés que les paroles. D'ailleurs l'instruction pénètre mieux par les yeux que par les oreilles.

M. Gibier. — Pour préciser, vous demandez simplement le remplacement du mot utilité par le mot nécessité. Voit-on d'autres buts à proposer aux Bulletins paroissiaux ?

M. Gonterot. — Par son ensemble sagement et intelligemment combiné, le Bulletin devrait être ou devenir le Manuel de l'instruction et de l'éducation populaires à tous les points de vue. Le peuple nous échappe, on lui fait subir une éducation qui l'éloigne de Dieu ; le Bulletin dóit être le contre-poison de cette éducation.

M. Delahaye. — Le Bulletin paroissial est supérieur à l'enseignement de la chaire. Quand on écrit on pèse plus facilement ses paroles qu'en parlant. En chaire, on est souvent mal compris. Les paroles passent, les écrits restent.

M. Boyreau. —M. le curé de St-Paterne d'Orléans pourrait-il nous donner les résultats acquis par la publication de ses sermons, car je crois qu'il en a publié quelques-uns dans son Bulletin ?

M. Gibier. — On ne peut guère juger des résultats acquis, mon bulletin étant annuel.

Nous passons maintenant à l'utilité ou nécessité des Bulletins paroissiaux.

M. Brellaz. — *Nécessité, utilité, importance*. — Là où les populations ne viennent plus ou ne viennent que rarement à l'église, on a pu dire avec raison que le Bulletin paroissial est nécessaire, puisqu'il n'existe pas de moyen plus efficace de faire parvenir aux paroissiens l'instruction religieuse et les exhortations à la pratique de leurs devoirs de chrétiens. Sinon le salut de leur âme est en péril. Les paroisses où il y a des gens éloignés de l'église et des indifférents, ne sont-elles pas, aujourd'hui, la grande majorité?

Le Bulletin est utile *toujours* et *partout*.

Dans les paroisses où les fidèles viennent nombreux à l'église, le Bulletin a une grande utilité, car 1° même dans ces bonnes paroisses, il y a toujours un certain nombre d'âmes que l'action sacerdotale n'atteint pas, qui ne connaissent pas le prêtre. Or c'est le devoir du prêtre d'aller à la recherche de la brebis égarée, éloignée du bercail. Le prêtre doit être connu de toutes les âmes que Dieu lui a confiées. *Cognosco oves meas et cognoscunt me meæ.* Le Bulletin atteindra cette catégorie toujours trop nombreuse des indifférents.

« Il faut nous tenir en contact avec les fidèles, dit le document de l'Œuvre des Campagnes, et le Bulletin paroissial est un heureux moyen d'y réussir. Ne disons pas : C'est aux fidèles de venir à nous pour se faire connaître. Quel que soit leur devoir, le nôtre est d'aller à eux pour les connaître et nous faire connaître. Et il n'est pas de moyens à négliger dans ce but. Votre éloquence attire à l'église au pied de votre chaire, c'est bien. On sait que vous êtes bon au confessionnal et l'on vient à vous, c'est bien. Au catéchisme, vous intéressez les enfants et ils reviennent volontiers vous entendre, et même ils parlent de vous à leurs parents ; c'est bien. Au chevet de vos malades, vous êtes apprécié ; dans toutes vos visites, on est déférent à votre égard, on s'honore de votre présence ; c'est bien. Mais quelque bien que vous fassiez dans ces rencontres, quelque nombreux que soient vos clients, comptez ceux qui ne sont pas là, ceux que votre action sacerdotale n'atteint pas, ceux qui ne vous connaissent ni comme prédicateur, ni comme confesseur, ni comme administrateur de sacrements, ni comme directeur d'œuvres, c'est-à-dire qui ne vous connaissent pas.

Le *Bulletin Paroissial* est un heureux moyen de se faire connaître. *Opera mea testimonium perhibent de me.* »

2° Le Bulletin paroissial supplée aux visites personnelles forcément insuffisantes dans les paroisses étendues et très populeuses, visites souvent impossibles dans certains milieux ; il les rend plus fructueuses là où elles sont possibles. »

3° Le prêtre a parfois des projets d'œuvres à faire adopter. Dans ce cas, il imitera l'agriculteur, qui, longtemps à l'avance, fait des labours, répand des engrais, là où il doit jeter la semence. Par le Bulletin paroissial, le curé pourra préparer l'opinion à la construction d'une église, d'un presbytère, d'une école, etc. à la fondation d'une œuvre de piété, de charité, etc.

4° Par des informations précises, le Bulletin intéresse tous les fidèles à la vie paroissiale et au mouvement des œuvres. Voici en quels termes le curé d'une paroisse (c'est, je crois, M. Gibier) décrit l'action qu'exerce chez lui le Bulletin paroissial :

« Puisque la presse est trop souvent l'instrument de l'erreur
et du mal, qu'elle soit donc aussi l'instrument du bien et du
vrai. Dans ce but, nous multiplions les billets et lettres d'in-
vitation, les programmes de nos fêtes religieuses et scolaires,
les cartes pour nos conférences à l'église et hors de l'église,
les règlements et statuts de nos œuvres, les calendriers et
horaires de nos catéchismes. Chaque mois enfin, le *Bulletin
paroissial* est envoyé dans toutes les maisons. Il est comme
le messager du pasteur. dont il exprime les pensées les désirs
et les conseils. Il note les moindres faits ; il éveille l'attention
de tous sur les détails inaperçus ou oubliés de l'existence
paroissiale ; et par l'intermédiaire du Bulletin, ceux-là même
qui ne viennent pas à l'église savent ce qui s'y passe et se
disposent secrètement à y venir, un jour ou l'autre. »

Apprécions la dette que nous avons contractée envers nos
fidèles, en devenant leurs pasteurs. Notre-Seigneur nous a
dit : *Pasce oves* MEAS. Ces âmes, toutes ces âmes sont à moi.
Toute cette paroisse, tous ses enfants, tous ses pères et mères
de famille, tous ses vieillards, tous ses infirmes, tous ses
pécheurs, tout ce qu'elle renferme de justes ou d'indifférents,
ou de déchus, ou d'impies, tous sont à moi. — Ce sont donc
les siens que Jésus nous confie, et ils demeurent à Lui, sous
notre garde. Il est donc juste que le pasteur ne s'estime pas
quitte à leur égard sans avoir fait, dans la mesure du possible,
quelque chose pour chacun d'eux. Sans doute nous devons
nous dépenser tout entiers auprès de ceux qui viennent à
nous. Et pour le salut de tous, nous devons prier, faire péni-
tence, donner l'exemple de toutes les vertus. Mais il y a les

indifférents malgré tout, et un moyen nous reste vis-à-vis d'eux : nous servir d'un intermédiaire qui nous supplée, qui fasse entendre quand même notre voix, qui détaille sans importunité, sous le regard le plus distrait ou le plus détourné de nous, la vie paroissiale avec ses exercices, ses enseignements, ses institutions, ses bienfaits. Et le *Bulletin paroissial* est cet obligeant intermédiaire, toujours prêt à pénétrer, sans nous compromettre, sous les toits les plus inhospitaliers, pour y porter la bonne parole, pour y semer la bonne semence, pour y rallumer le foyer à peu près éteint. (*Œuvre des campagnes*).

Le Bulletin peut être l'introducteur du prêtre dans certains foyers dont la porte lui était fermée.

Enfin le Bulletin stimule le zèle de tou   provoque des concours dévoués, met en évidence ceux qui voulaient se cacher ; il facilite la pratique du zèle à ceux qui hésitaient ; il crée l'émulation entre les diverses œuvres; il fixe les traditions paroissiales ; il rattache au pasteur de la paroisse ; il met l'unité dans les efforts de tous.

5° Il est parfois certaines vérités nécessaires à dire, certaines observations importantes à faire, qu'il serait inopportun d'exprimer du haut de la chaire. Le Bulletin, sans inconvénient, les fera parvenir à tous les paroissiens. — Le prêtre rencontre souvent des obstacles dans son ministère : obstacles causés par l'ignorance, interprétations erronées, faux documents, mensonges répandus à dessein. Par le Bulletin, le curé pourra rectifier les erreurs, dissiper les préjugés, dévoiler les mensonges, etc.

M. Gonterot. — On pourrait ajouter à ce paragraphe qu'il faut être calme dans ses réponses. Un curé bilieux ferait mieux de ne pas avoir de Bulletin.

M. Brellaz. — Oui, certainement. Voilà l'utilité du Bulletin au point de vue paroissial. Il est non moins utile au point de vue de l'enseignement religieux.

« La prédication est une semence féconde quand elle tombe sur des esprits attentifs, sérieux et bien disposés ; mais combien sont rares, hélas ! à notre époque, ces auditoires d'élite autour de la chaire chrétienne. La parole écrite semble avoir, sur les esprits mobiles, une action plus réelle, plus soutenue. Elle aussi est une semence, mieux acceptée par les intelligences. Par une lecture calme, attentive et renouvelée, elle germera lentement, plus sûrement, avec moins de perte dans les esprits et les cœurs qui en sont avides. L'influence exercée, les résultats produits par la bonne et surtout par la mauvaise presse n'en sont-ils pas la preuve évidente ? »

Le Bulletin paroissial, sans nuire — au contraire — à la diffusion et à l'action du bon journal, est plus facilement reçu par tous que le journal. Le bon journal, quelle que soit son attitude, est toujours considéré comme l'organe d'un parti politique et encourt, de ce chef, aux yeux d'un certain nombre, une sorte de méfiance et de discrédit. Le Bulletin tient ses lecteurs au courant des moindres détails de la vie paroissiale et communale, c'est-à-dire de ce qui les touche de plus près; il sera pour cela lu avec plus de plaisir et d'intérêt. Quels que soient les efforts tentés et soutenus pour la diffusion des journaux catholiques, quels que soient les résultats obtenus, il y aura toujours des âmes en grand nombre, peut-être en majorité, qui se déroberont à cette utile propagande. Il n'en sera pas de même s'il s'agit d'une publication d'intérêt local dans laquelle les opinions politiques ne viennent pas se heurter. C'est ainsi qu'on voit des hommes se dire anticléricaux à l'occasion, et ne pas rester insensibles à un certain esprit de paroisse et à l'amour du clocher natal. »

M. l'abbé Dabry, dans l'article qu'il a publié dans la *Vie catholique* à propos de ce congrès — nous ne saurions trop l'en remercier — dit excellemment : « A bien regarder, les Bulletins paroissiaux ne sont pas, dans les moyens apostoliques, une apparition si nouvelle; il serait facile de les rattacher à une tradition. Sans remonter jusqu'à S. François de Sales qui, pour atteindre les calvinistes du Chablais échappant à sa parole, collait sur le mur des villes ses instructions, il y a quelques 20 ans, un curé de Paris s'adressait à ses paroissiens par des lettres imprimées. Les lettres de l'abbé Cognat sont célèbres. Il appelait cela « *les prônes à domicile* ». Et Mgr Lavigerie lui écrivait fort bien : « Vos lettres d'un curé à ses paroissiens me plaisent beaucoup. Comme MM. les curés de Paris auraient bonne grâce à faire comme vous ! Notre parole n'arrive qu'à l'imperceptible minorité de nos ouailles ; si nous voulons être écoutés, il faut leur écrire. Continuez donc ainsi... Nous revenons aux temps apostoliques... faisons des épîtres comme les apôtres, et tâchons de nous faire lire par les païens et les juifs de notre temps. »

Nous pourrions énumérer encore beaucoup d'autres avantages, mais à quoi bon ? Ce que nous venons de dire suffit à démontrer l'utilité évidente d'un Bulletin paroissial dans n'importe quelle paroisse.

M. Vioche. — Le Pasteur a des devoirs imprescriptibles et personnels à remplir à l'égard des âmes qui lui ont été confiées : devoir d'enseigner, de diriger, de visiter pour connaître ses ouailles et s'en faire connaître; devoir de les protéger contre les erreurs et les préjugés de l'époque ; devoir de les sauvegarder contre les exploiteurs modernes, en un mot devoir de sauver ses paroissiens par les moyens mis à sa portée par la Providence. Or le Bulletin paroissial, sans pouvoir suppléer totalement, est un auxiliaire efficace à la mission pastorale. On peut dire qu'il est nécessaire dans les paroisses où l'on ne fréquente presque plus l'église. Il est, pour le moins, très utile dans les milieux un peu conservés.

M. P... — Je le regarde comme nécessaire dans les paroisses nombreuses où la masse du peuple n'assiste pas à la messe. Et il intéressera, soyez-en sûr. Remarquez que le peuple ne va pas au sermon, mais que de gens demandent ou du moins voudraient savoir : Qu'est-ce que le curé a dit aujourd'hui ? Curiosité, sentiment excessivement répandu, ou jalousie. Le Bulletin peut faire beaucoup pour ramener le peuple au bien ; il répond à un besoin de notre époque. D'autant plus qu'il est écrit, qu'il reste à la maison. Tantôt un enfant, tantôt un autre, un parent ou un ami y jette les yeux, le lit et le relit et le bulletin prêche souvent, il fait l'œuvre de la goutte d'eau, l'œuvre qui reste parce que son impression se grave peu à peu.

M. Laffon regarde l'idée et l'œuvre comme tombées du ciel.

M. Jechoux. — Les apôtres ont écrit à des chrétiens qui ne valaient pas les nôtres. Mais ce que le prêtre ne peut pas dire en chaire, il ne peut davantage le dire au bulletin. *Scripta manent.*

M. Chatain. — Oui, à toute la question.

M. Neveu. — Je reconnais l'importance du Bulletin ; mais la parole parlée reste la vraie essentielle, primordiale de l'enseignement du S. Evangile. Le Bulletin est utile pour donner des conseils comme recettes hygiéniques, travaux des champs, jardinage, livres, jeux, boissons, etc.

M. Rude. — Le Bulletin a l'importance de la mission du prêtre. D'ailleurs les paroissiens ne s'y tromperont pas. Il faut en conséquence y apporter la même réserve dans les termes qu'en chaire, parce que ce serait toujours la parole du curé. Malgré cela, le Bulletin est utile dans toutes les paroisses, et nécessaire dans les paroisses irréligieuses.

M. Sifflet. — C'est évident.

M. Bruneau. — Si je ne me trompe, un bulletin paroissial est surtout utile pour les milieux indifférents ou mauvais : il est un moyen d'entrer en relations avec les habitants.

M. Galliot. — Dans la chronique locale, le curé peut dire mille choses à ses paroissiens qu'il ne peut dire en chaire (signaler les abus criants, flétrir les vices, etc.). Il faut s'ingénier à présenter les choses d'une manière qui les fasse accepter, mais sans avoir trop peur pourtant. S'il pouvait trouver quelqu'un de la paroisse, un ami, qui endossât la responsabilité de l'article, ce serait parfait. Mais aujourd'hui, où sont-ils les vrais amis du curé? C'est donc au curé à payer de sa personne sur toute la ligne et à compter sur le secours de Dieu et sur la maxime: *Audaces fortuna juvat.*

M. Gasnier. — L'utilité est incontestable dans tous les milieux, même dans les paroisses religieuses où l'on rencontre pas mal d'esprits faussés. La parole écrite reste, on peut la lire, la relire, la méditer, la mieux comprendre. Dans les paroisses irréligieuses, il est évident qu'un bulletin est d'une très grande utilité. Je n'oserai pas dire nécessaire, car il peut se trouver des prêtres qui emploient d'autres moyens de zèle excellents. Si l'on mettait le mot nécessaire, il semblerait que tout prêtre dût presque en conscience employer, s'il le peut, ce moyen. C'est peut-être un peu forcer la note.

M. P... — Sa mission est semblable à celle du prêtre, du prédicateur missionnaire, mieux encore à celle de Jésus-Christ, Voilà pourquoi je veux qu'il ne soit pas rédigé comme nos livres savants, ni comme nos sermons en trois points, mais autant que possible semblable à l'Evangile, aux discours de Notre-Seigneur qui savait attirer à lui les âmes de bonne volonté par des paroles simples en même temps que nobles, toujours dignes, jamais triviales, tantôt douces, tantôt menaçantes, variées, mais procédant toutes de l'amour dont son cœur débordait pour les pécheurs.

M. Pichat. — C'est tout simplement l'œuvre de S. Paul.

M. Faix. — Je crois que le Bulletin fera plus de bien s'il n'y est question que de choses intéressant **spécialement** toute la paroisse ou toute une partie de la paroisse, tout un groupe de la paroisse : c'est pourquoi si le Bulletin peut devenir l'organe officiel d'une confrérie, d'une association, d'une société, il ne doit jamais être au service des intérêts d'un individu en particulier, ni d'un parti politique. Le curé lui-même doit, en le rédigeant, faire disparaître autant que possible sa personnalité : il doit parler comme prêtre, comme curé, non comme homme privé, non pas comme M. Un Tel.

Organe, porte-parole du prêtre, du curé de la paroisse, le Bulletin tout naturellement pourra dans ses pages rappeler aux paroissiens les principales vérités de la Foi ; il deviendra en quelque sorte un prédicateur à domicile. Il rappellera aux fidèles leurs devoirs de chrétiens, il leur fera mieux comprendre leurs intérêts spirituels.

Cependant, dans certains centres ouvriers, où l'esprit de foi aura disparu, le Bulletin pourra se présenter sous une autre allure. Comme dans l'*Echo d'Izieux*, par exemple, la religion, tout en étant le premier, le principal but que se propose le curé, pourra, *en apparence*, passer au second plan, devenir, *en apparence*, l'accessoire. Le premier plan alors sera occupé par les intérêts matériels et temporels des fidèles, par les menus faits du pays; le tout pour faire passer les quelques lignes où il sera question de Dieu et de la Religion.

Ces quelques *réflexions* suffisent amplement à montrer l'importance, l'utilité, la nécessité du Bulletin paroissial. Comment atteindre, en effet, autrement ceux qui jamais ne viennent à l'église et que le prêtre ne peut voir chez eux, parce qu'il n'y peut pas pénétrer. Et ils sont nombreux, ceux-là!

M. Toussaint (1). — L'apostolat ordinaire et traditionnel ne suffit plus; l'apostolat par les œuvres d'association est incomplet: l'apostolat par la presse paroissiale devient nécessaire. On ne peut plus être pasteur des âmes à la manière d'antan, parce que les âmes ne se comportent plus comme autrefois. La commune subsiste et se perfectionne, mais la paroisse, la vraie famille paroissiale n'existe plus; elle n'est plus qu'un souvenir du bon vieux temps. Ce n'est plus le clocher qui est le centre d'une paroisse, c'est la mairie qui le

---

(1) Nous recommandons la lecture du remarquable rapport de M. Toussaint, curé de Glaire, contenu *in-extenso* dans le compte rendu du dernier Congrès Eucharistique (1898) de Bruxelles, page 716.

remplace prosaïquement et froidement. Quand le curé n'est pas tout à fait oublié dans une paroisse, il passe souvent pour un vulgaire fonctionnaire. — Parler en chaire ? Mais on ne vient pas nous écouter. Les uns ne mettent pas les pieds à l'église ; d'autres, assez nombreux, vont furtivement à une messe de chapelle pour satisfaire sommairement au devoir dominical. Assister à la messe paroissiale, allons donc ! que c'est peu distingué.

Les œuvres sont pour la plupart une puissance défensive. Elles nous servent très peu pour ramener les égarés. On se sert de la presse avec un effrayant succès pour nous enlever les âmes ; nous devons nous en servir pour les reprendre aux ravisseurs. Le livre c'est bien, mais la publication d'une feuille volante, locale, périodique, c'est mieux. Elle intéresse forcément. Que cet apostolat par le Bulletin paroissial vienne à se généraliser, et le mouvement de retour à la vie paroissiale se généralisera également. Un vicaire général d'un important diocèse m'écrivait ces jours derniers : « La publication de votre Bulletin paroissial est sûrement destinée à faire le plus grand bien ; c'est un excellent moyen de propagande et d'apostolat auquel tous les pasteurs désireux d'exercer une action universelle et puissante sur leur troupeau devront recourir.... »

M. Bouin. — Je crois que l'avenir est à l'œuvre des Bulletins paroissiaux. Il faut, par tous les moyens, travailler à leur diffusion. Puisque les fidèles ne viennent plus à nous, allons à eux par le Bulletin.

M. Chaize. — Je trouve l'œuvre des Bulletins paroissiaux, au moins celle qui fonctionne sous la direction de M. l'abbé Brellaz, excellente. C'est pour le clergé une économie de temps et d'argent.

M. Gibier. — Il résulte donc de tout ce que nous venons d'entendre que deux idées doivent être mises en avant au point de vue de l'utilité. 1° Le Bulletin servira au rétablissement de l'esprit chrétien ; 2° au rétablissement de l'esprit paroissial.

(Ici on agite la question de supériorité du bulletin sur un journal. Elle est tranchée en faveur du Bulletin. Un journal est toujours considéré comme l'organe d'un parti politique ou autre ; de là naît la défiance).

M. Delahaye. — Il est certain que le bulletin paroissial offre un avantage sur l'enseignement de la chaire. C'est une manière d'atteindre plus facilement les gens, pratiquants ou non ; on les intéresse par certains détails matériels : les récoltes, par exemple, si c'est à la campagne. Le bon curé ne parlera jamais d'engrais en chaire, il le peut dans le bulletin.

M. Gibier. — Il me semble que nous pouvons résumer toute la question en trois parties : 1° Le Bulletin est-il utile ; 2° est-il nécessaire ; 3° est-il suffisant ?

M. Soulange-Bodin. — Je ne crois pas que le Bulletin soit un instrument d'instruction pour le peuple, car il est très rare que le peuple lise les articles sérieux de fond.

M. Gibier. — Il y a manière de présenter les idées.

M. Brellaz. — On lit très bien les articles religieux écrits de façon intéressante.

M. Gibier. — On peut rendre un article de cette sorte intéressant en l'écrivant sous forme de dialogue, en y mettant des anecdotes, etc. Ne pas les mettre surtout sous forme de sermons écrits.

M. Grandremy. — Il faut laisser à chacun son initiative et sa liberté, parce que ces sortes d'articles sont relatifs à la tournure d'esprit de telle ou telle paroisse.

M. Fesch. — A Roubaix, il y a : la petite feuille catholique du Dimanche, in-32. Elle contient l'évangile du Dimanche commenté, des pensées sur la religion, de Napoléon, Guizot, etc... une petite vie de Saint, etc... Cette publication a un grand succès.

M. Boyreau. — Cela se comprend. On ne pourrait pas comparer Roubaix à nos quartiers. Il y a beaucoup de bon à Roubaix. Cette publication n'aurait aucune chance de réussite dans nos paroisses. Il faut somme toute laisser à chacun son initiative. On ne doit chercher à atteindre que ceux qui ne viennent pas à l'église. Il faut donc traiter avec beaucoup de tact pour ces gens toute question religieuse. A mon avis, la feuille catholique de Roubaix serait trop... pieuse pour nos faubourgs.

M. Gibier. — En général, le Bulletin est utile pour l'instruction religieuse, mais c'est à chaque curé de doser cela selon le besoin et l'esprit de la population. Il faut absolument que nous mettions de la religion dans notre Bulletin, il faut instruire sous quelque forme que ce soit, autrement le but serait manqué.

M. Grandremy. — Donc liberté d'action à chacun.

M. Gibier. — Oui, mais on maintient le principe d'instruction.

M. Soulange-Bodin. — Pour moi, le premier but à atteindre, c'est la reconstitution de la paroisse qui se désagrège. Il est des familles qui, ayant l'habitude de fréquenter les chapelles et non l'église paroissiale, se font une religion à part. La preuve que l'esprit paroissial n'existe pas ou n'existe qu'à l'état embryonnaire, c'est que nous avons des patronages, des cercles, etc... qui sont autant de petites paroisses dans la grande.

M. Grandremy. — Mais ce danger n'existe pas pour les petites paroisses, surtout pour les paroisses de campagne.

M. Delahaye. — Je tiens à faire une remarque. Si les paroissiens n'ont pas l'esprit paroissial, ils ne pratiqueront pas. Donc le curé s'ennuiera car il aura peu de chose à faire. Dès lors il fera un Bulletin pour s'occuper.

M. Gibier. — Il est donc acquis que la première tâche du Bulletin c'est la reconstitution de la paroisse et en second lieu donner l'instruction religieuse aux paroissiens. Du reste pour contenter tout le monde, il est facile d'accorder aux deux parties de la tâche la mention « ex-œquo ».

M. Grandremy. — Il faut faire passer l'instruction religieuse avant l'esprit paroissial.

M. Soulange-Bodin. — Il me semble qu'il vaudrait mieux empêcher les vivants de tomber que de ramasser les morts auparavant.

M. Brellaz. — Tout d'abord, il faut initier les fidèles à la vie de paroisse.

M. Poirier. — Oui, car elle n'existe pas. Dans nos petites paroisses, nous n'avons pas l'excuse des petites chapelles, néanmoins l'esprit paroissial manque. Le Bulletin doit donc concourir à son rétablissement par une instruction religieuse commune à tous, base de l'esprit paroissial.

M. Gibier. — La paroisse désagrégée doit être réorganisée, ensuite on instruira.

M. Buret lit un passage du rapport de M. Toussaint, d'où la conclusion suivante :

M. Gibier. — Donc le Bulletin est utile :

1° pour reconstituer l'esprit paroissial,

2° pour reconstituer la vie chrétienne.

M. Gerbault. — Je préférerais suivre la voie contraire.

M. Soulange-Bodin. — Oui, le Bulletin est comme un vêtement, il doit être fait sur mesure pour chaque paroisse.

M. Boyreau. — Le Bulletin est surtout utile dans les paroisses qui possèdent de nombreuses chapelles. Il y a des curés qui se plaignent de voir si peu à l'Eglise paroissiale un certain nombre de bons chrétiens. Le Bulletin les mettra en relation avec le curé, leur fera connaître ses œuvres, etc.

M. Delahaye. — Et pour ceux qui ne viennent qu'à la messe basse, utilité très grande, car on ne peut pas toujours les atteindre.

M. Gibier. — Comme dit M. Sifflet : c'est évident.

— En somme la nécessité est-elle incontestable ?

Une voix. — Non.

M. Brellaz. — Pas partout ; mais le Bulletin est nécessaire là où les paroissiens ne viennent plus ou que rarement à l'Eglise. N'est-ce pas presque partout ?

M. Gibier. — Disons : utile presque toujours, nécessaire très souvent. Cependant il est insuffisant. Il ne doit supprimer aucun moyen d'apostolat, il doit les compléter.

M. Gerbault. — La visite est-elle plus utile que le Bulletin ? — Je ne crois pas, car on n'est pas reçu partout. Le Bulletin, au contraire, est reçu partout et plus souvent.

M. Gibier. — Il y aurait là un danger, car on pourrait le regarder comme une dispense des visites à domicile.

M. Gerbault. — Je ne dis pas cela.

M. Delahaye. — Je désire insister sur le succès du Bulletin, preuve de son utilité. Ceux qui ne le reçoivent pas le réclament. On faisait autrefois, chez moi, baptiser les enfants à l'âge de 4 mois, j'eus l'idée d'en parler en chaire, je n'obtins aucun résultat. J'en parlai dans le Bulletin en disant qu'il y a 100 ans, leurs ancêtres faisaient baptiser les enfants dès le jour de la naissance. Depuis lors, les enfants sont baptisés dans la semaine. J'avais aussi à me plaindre de l'assistance des malades. Je l'ai dit dans le Bulletin. Maintenant on vient me chercher, et quand j'arrive, tout est préparé.

Un autre article sur les soins spirituels à donner aux malades a eu le même succès. Je donnai une traduction du Rituel pour l'administration du Viatique, de l'Extrême-Onction, de l'Indulgence plénière, et l'indication des objets à préparer pour la visite du prêtre. Depuis lors, je suis appelé auprès des malades, dès que l'état devient un peu grave. Je trouve tout préparé pour la réception des sacrements et je ne désespère pas d'apprendre à mes paroissiens à répondre aux prières des derniers sacrements.

M. Gibier. — Voilà des faits bien probants. Cependant il est bon de signaler une objection grossière de certains curés : « Depuis la publication de votre Bulletin, avez-vous eu plus de Pâques ? » C'est ridicule, car notre but est de réformer l'esprit peu à peu, d'avoir une influence morale, de faire disparaître les préjugés en cours chez le peuple, jeter un pont entre le curé et ses paroissiens, et non pas d'obtenir immédiatement un nombre plus ou moins grand de communions pascales.

M. Delahaye. — Voici un trait authentique. Un jour, un enfant du catéchisme me parle du Bulletin et me dit qu'il n'avait pas coupé le sien. — Et pourquoi cela, lui dis-je ? — Oh ! papa a dit que ça l'abîmerait ! — Donc livrons le Bulletin tout coupé.

M. Gibier. — Nous avons terminé la première partie du programme. La deuxième partie commence par : les questions à traiter.

Ne semble-t-il pas que le Bulletin comporte toutes les questions suivantes qui atteignent tous les membres de la famille paroissiale ?

Pour tous : instruction religieuse, apologétique, dogme, morale, piété, etc.

Pour les parents : éducation des enfants.

Pour les ouvriers : principes de la vie professionnelle, moyens d'améliorer sa situation.

Pour les mères de famille : science ménagère, hygiène, médecine domestique, comptabilité domestique, etc., cuisine économique, les meilleurs aliments.

Sujets divers. — Variétés.

M. Brellaz. — On peut distinguer dans les questions à traiter deux parties principales : 1° ce qui a trait à la vie paroissiale ou la *Chronique Paroissiale* ; 2° ce qui concerne l'*enseignement religieux et pastoral*.

Dans la *chronique paroissiale*, nous pouvons mettre 4 chefs d'articles : 1° la lettre du curé ; 2° la chronique des événements ; 3° le calendrier ou indicateur paroissial ; 4° l'histoire de la paroisse.

1° *Lettre du curé.* — « C'est une causerie courte, simple, cordiale et toute paternelle du curé avec ses paroissiens. Tout ce qu'on voudrait pouvoir dire d'obligeant dans les visites qu'on ne peut pas faire à tous, trouve sa place dans cette lettre. Si l'on y traite un sujet spécial, que ce sujet soit bien vraiment à la portée de tous. Point de reproches surtout, point de récriminations. Les observations, s'il y a lieu d'en faire, trouveront leur place plus loin. » Le ton à adopter doit être celui de l'affabilité la plus parfaite. Il faut se souvenir que, surtout à notre époque, dans les rapports du prêtre avec ses paroissiens, *mieux vaut douceur que force et violence.*

M. Jéchoux. — Il faut donner l'instruction religieuse de façon intéressante, avec des traits, des comparaisons. Pour les Parents, il sera utile de mettre des histoires d'enfants bien et mal élevés. Des articles de science ménagère, indiquant les meilleurs aliments, afin de retenir au foyer le mari et le jeune homme et les empêcher d'aller au cabaret.

M. Faix. — Une des nombreuses objections faites contre le Bulletin par nombre de prêtres est celle-ci : « Mais nous n'aurions rien à mettre dedans ! » — Je réponds : D'abord, toutes les questions indiquées sur le programme, religion, éducation, vie professionnelle, hygiène etc., peuvent parfaitement trouver place dans le Bulletin. Bien plus, la première question, Religion, doit passer en première ligne.

Mais ce qu'il importe avant tout, c'est de faire lire le Bulletin. Or, c'est un fait d'expérience, le Bulletin n'intéressera vraiment les paroissiens qu'autant qu'il parlera d'eux, de leur pays, de ce qu'ils connaissent ; qu'autant qu'ils y verront leurs noms ou ceux de leurs parents et amis, les noms de leurs villages, de leurs terres, etc. Alors, comment composerons-nous le Bulletin ? Voici : d'abord une chronique paroissiale, où rentreront les avis pour les fêtes du mois prochain ; le compte-rendu des fêtes du mois passé ; les questions de fabrique ; les œuvres et confréries ; les faits saillants du pays : moissons, vendanges, tirage au sort, écoles, certificat d'études, dons à l'église, etc., etc,

Ensuite, un memento paroissial : indication et heures des offices, noms des quêteuses pour le mois, etc., etc. Puis les actes religieux : baptêmes, mariages, décès, première communion, confirmations, etc. Enfin, des articles d'histoire locale : histoire de la paroisse, de l'église, du presbytère, des curés du temps passé, des confréries, des corporations, des coutumes et habitudes du pays, etc., etc. Il y a dans les vieux registres, les vieux papiers, les vieux titres, une mine inépuisable d'articles intéressants.

Et ces articles, que j'appellerai locaux, feront facilement passer les réflexions morales et religieuses qui y seront jointes et intéresseront énormément nos paroissiens.

M. Apcher. — Dans mon programme, je comprends tout ce qui concerne la vie paroissiale : Baptêmes, mariages, notes de catéchisme, avis d'administration paroissiale, comptes-rendus des fêtes et solennités, enseignement dogmatique, etc., en évitant le genre sermon.

M. Huriel. — Voici la composition de mon bulletin :

1° D'abord, un article de tête : un peu sérieux, mais vif et alerte de forme : c'est le point important.

2° Chronique paroissiale. Annonces et horaires des offices pour la semaine. Evangile du dimanche. Compte-rendu des offices du dimanche précédent. Chants exécutés, décorations, puis analyse du sermon.

3° Chronique du patronage. Réunions, fêtes, jeux, séances récréatives, bibliothèque, places d'apprentis, concours, etc.

4° (Entre 1° et 2°) quand il y a de la place, dialogue familier entre deux enfants (Danlvrai et Tapafaux) sur la religion, la liturgie, les fêtes, les objections courantes. J'ajoute, en toute sincérité, que ces dialogues ont été très goûtés.

5° Un feuilleton. Nous avons donné d'abord deux vies de saints, puis j'ai donné en 32 numéros la description détaillée de notre cathédrale. Grand succès aussi.

M. Rude. — Il serait bon d'ajouter quelques faits historiques concernant des hommes connus pour frapper l'imagination.

M. Sifflet. — Ne pas omettre des récréations scientifiques, bons mots, etc.

M. Bruneau. — Tout curé est à même de trouver les matériaux d'un bulletin. Aujourd'hui on recherche beaucoup les antiquités. Pourquoi le prêtre négligerait-il ce genre de travail ? Sans aller aux bibliothèques nationales ou départementales, on peut consulter avantageusement sur place les archives de la mairie et de la fabrique. J'ai déjà pu griffonner une centaine de pages au point de vue religieux et civil de ma paroisse.

M. P... — Oui, toutes les questions que vous indiquez ont leur utilité, mais je crois qu'on pourrait en abandonner une partie pour ne pas embrasser trop de matières. Ainsi, les renseignements pour les mères de famille, à moins d'être très courts, trouveraient mieux leur place dans les journaux quotidiens ou dans les almanachs, etc., où d'ailleurs ils abondent. Ces recettes superflues n'ont guère jamais servi à personne. Le rédacteur les emprunte à je ne sais quels auteurs pour remplir sa copie. Le lecteur finit souvent par la mépriser comme la 4e page des journaux. Il serait préférable de donner un peu plus de développement aux questions indispensables : éducation, sanctification, christanisation des mœurs ouvrières. J'espère bien que nul n'aura l'idée d'y ajouter aussi un feuilleton.

M. Galliot. — *Concedo totum.* Le tout est d'avoir des articles soignés, courts et bons : 1° substantiels, pas trop de phrases ; que l'idée ressorte bien et ne soit pas noyée dans un verbiage trop à la mode ; 2° logique, avec de la suite dans les articles. Les gens n'ont plus de principes ni de logique ; ils sont à l'image des lectures qu'ils font.

M. Pichat. — Ajouter la démocratie et les réformes sociales. Pas de politique ou bien très prudemment.

M. Gasnier. — Qu'on mette de la variété. Que le Bulletin n'ait pas toujours la même marche : un jour l'ennui naquit de l'uniformité. Pourquoi de temps à autre ne mettrait-on pas des articles qui n'auraient pour but que de faire lire le Bulletin : histoires amusantes, bons mots, etc.

M. Vioche. — Que le Bulletin soit collectif ou non, voici à mon avis un programme possible : 1° la circulaire paroissiale cordiale et paternelle, donnant occasion de dire dans un style

familier ce que l'on voudrait pouvoir dire dans ses visites ;
2° l'indicateur paroissial, faisant connaître les fêtes, cérémonies, etc. ; 3° les annales paroissiales, destinées par l'histoire
de la paroisse, de l'église, de tel personnage, des saints
patrons, à attacher les fidèles à leur paroisse ; 4° la chronique
des œuvres ; 5° les questions d'enseignement, dogme, morale,
devoirs d'état, avis sur l'hygiène, anecdotes, réfutation des
objections courantes, variétés à parsemer entre les questions
plus sérieuses.

M. Robin. — Résumer dans une forme brève et frappante
les principaux points de dogme ou de morale; et toutes les
questions du programme.

M. Neveu. —On peut donner des varia, recettes hygiéniques,
travaux des champs, jardinage, livres, jeux, boissons, etc.

M. Chaize. — Les questions à traiter gagnent à l'être par
des plumes diverses et expérimentées dans chaque sujet.

Pourquoi élaguer comme une peste les informations d'ordre
communal ou municipal, si l'on a soin de les donner telles
quelles, sans commentaire. Un point plus délicat : Quelle
conduite doit tenir le bulletin vis-à-vis des écoles laïques là
où existent des écoles chrétiennes?... Ici, j'ai pris le parti
d'éviter d'en parler, dans un sens ou dans l'autre.

M. Bouin. — Il faut, avant tout, une vraie chronique
paroissiale, sinon les paroissiens se désintéresseront du Bulletin.
Mais cette chronique, absolument nécessaire, n'est qu'une
amorce pour attirer le lecteur. La partie essentielle, c'est
l'instruction sous diverses formes.

M. Toussaint — donne les mêmes notes que M. Brellaz.

M. Gibier. — La première partie, c'est donc le mot du curé.

M. Grandremy. — Est-il bien nécessaire ce mot du curé? Il y a peu de bulletins qui l'aient.

M. Gibier. — Je crois, au contraire, qu'il est dans un très grand nombre.

M. Brellaz. — J'en connais beaucoup qui l'ont. D'ailleurs il est bien entendu que le curé ne le mettra que s'il a quelque chose à dire.

M. Delahaye. — L'article du curé est nécessaire, car d'après la discussion de la 1re partie du programme : atteindre les paroissiens, le bulletin est fait pour cela.

M. Brellaz. — Est-on obligé de le mettre en tête du bulletin.

M. Gibier. — Il n'est pas nécessaire qu'il soit à la 1re page.

M. Verdun. — La place de cet article est très importante : elle doit être à la 1re page. On lit toujours l'article de tête s'il n'est pas trop long. On lit rarement la 4e page d'un journal.

M. Schaefer. — Si nous voulons éviter la rupture du pont à jeter entre le curé et les paroissiens, il ne faut pas supprimer ce mot du curé : c'est la base de l'édifice.

M. Gibier. — Nous sommes d'accord. Mais ce mot

doit être très court, affable, précis et ne ressemblant pas à un sermon.

M. Delahaye. — Et surtout original.

M. Brellaz. — C'est ce que le curé dirait à ses paroissiens s'il les avait devant lui.

Nous devons bien préciser l'ensemble des articles à fournir pour un bulletin, à cause de l'objection faite par certains curés : que les sujets de chronique paroissiale font défaut. 2° Après le mot du curé, vient la *chronique de la paroisse et des œuvres*. Dans cette partie, il faut faire connaître tout ce qui peut intéresser les fidèles à la vie paroissiale dans ses diverses manifestations.

M. Obert. — Il est très important de relater les faits principaux du mois. Mais dans les petites paroisses, il y a peu de chronique.

M. Grandremy. — On peut grouper plusieurs paroisses dans un même bulletin, la chronique est alors plus facile et plus abondante. C'est ce que nous faisons à Balan pour quelques paroisses.

M. Verdun. — Il y a un sujet presque inépuisable, c'est la liturgie pratique qu'il est absolument nécessaire d'expliquer au peuple.

M. Gibier. — On le peut certainement, mais cette proposition se retrouvera aux articles généraux.

M. Brellaz. — Il faut avant tout faire lire le Bulletin pour faire accepter aux lecteurs les quelques idées religieuses semées le long des articles. Il faut donc intéresser. Et comment cela ? En donnant des détails sur la condition matérielle des paroisses, des conseils pratiques sur des choses usuelles qui les concernent et surtout des faits locaux, etc. C'est l'objet de la chronique paroissiale.

M. Delahaye. — *L'Abeille de Gourville* donne la température. C'est très intéressant pour le paysan.

M. Grandrémy. — Ces détails sont de nulle importance.

M. Delahaye. — On aura une rubrique spéciale pour les articles profanes.

M. Gerbault. — On n'a pas assez insisté sur la conclusion pratique de tout cela.

M. Schaefer. — Il faut s'entendre dès maintenant pour mettre dans le compte-rendu une liste d'articles à traiter et au besoin la publier à part.

M. Soulange-Bodin. — Oui, il nous faut un manuel pratique du Bulletin paroissial.

M. Brellaz. — Je le ferai. En attendant voici l'énumération des matières qui peuvent former le programme de cette chronique. Chacun pourra modifier et compléter à sa convenance.

Sacrements. — Baptêmes (nom de l'enfant, domicile,

noms des parrains et des marraines, temps du baptême, formule : ont été faits enfants de Dieu et de l'Eglise par le baptême), etc.

Confirmation (préparation, retraite, réception, etc.)

1re Communion (préparation, admission, retraite, célébration, renouvellement, etc.)

Confession (époques, heures, enfants, grandes personnes, préparation, etc.)

Viatique (ce que c'est, prévenir le prêtre, objets à préparer, propreté, etc.)

Mariage (bans, fiançailles, célébration, état de grâce, etc., formule : ont été unis indissolublement par le sacrement de mariage.)

Ordination des séminaristes de la paroisse.

Décès (sépultures, services funèbres, nécrologie, etc.; formule : ont reçu les honneurs de la sépulture catholique).

Culte. — Offices du Dimanche, de la semaine, des fêtes d'obligation et de dévotion. — Saluts du T.-S. Sacrement. — Bénédictions liturgiques. — Cérémonies extraordinaires. — Mois de Marie, du Sacré-Cœur, de St Joseph, du Rosaire, des âmes du Purgatoire, etc. — Chants à l'Eglise. — Messes annoncées. — Fête de l'adoration, noms des adorateurs. — Fête patronale. — Fête des associations, confréries, œuvres, etc. — Réunions de piété, de charité. — Processions, pèlerinages, retraites, missions, neuvaines, octaves, triduum. — Temps pascal, carême, avent. — Sacristie, mobilier, ornements, linges et vases sacrés, etc., etc.

Enseignement. — Résumé des prônes, instructions, prédications, prédications extraordinaires. — Catéchismes, admission, notes, examens, récompenses, tableau d'honneur. — Ecoles libres et communales, noms des maîtres et maîtresses de toutes les écoles, sans distinction, avec désignation de leurs fonctions. — Certificat d'études. — Prix d'excellence de chaque école, etc.

Œuvres. — Associations, confréries de piété ou de charité, zélateurs, zélatrices. — Résultats des œuvres. — Compte-rendu des réunions, des fêtes. — Patronages, cercles, mutualités, secrétariats du peuple, conférences, bonne presse, etc.

Divers. — Autels, luminaire, lampes du St-Sacrement, pain bénit, pain et vin de la messe, sonnerie des cloches. — Personnel de la paroisse, curé, vicaire, prêtres habitués, attachés à la paroisse, nouvelles des anciens prêtres de la paroisse, installation du titulaire. — Employés de l'église, enfants de chœur. — Conseil de fabrique. — Quêtes, offrandes, troncs, casuel. — Binage. — Visites pastorales. — Usages divers, etc.

Etat des familles de la paroisse. — Changements de

domicile, partants et arrivants, etc., liste des commerçants, etc.

Etat sanitaire, épidémies, malades, etc., mortalité,
etc.

Evénements du pays, faits locaux, nouvelles, accidents
etc., foires, marchés, fêtes locales, traditions locales,
visite d'un personnage important, état des récoltes,
orages, intempéries, température, neige, gelée, etc.

Conseil municipal, maire, adjoints, conseillers,
décisions importantes, sans apprécier. — Liste des
répartiteurs, etc.

Conscrits, noms, tirage au sort, révision, départ de
la classe, retraite, messe, garnison, conseils aux partants,
leur faire servir le Bulletin, aumôniers militaires des
garnisons, etc.

Ne pas craindre, surtout à la campagne, de nommer
les gens, qui sont fiers de voir leur nom imprimé.

M. Delahaye. — M. le curé de Tivernon insère
dans son bulletin les notes de catéchisme. Il en sort,
dit-il, une féconde émulation.

M. Soulange-Bodin. — N'est-ce pas dangereux ?
On froisse les parents.

M. Gerbault. — Cela dépend des milieux, mais
j'insiste beaucoup sur le résumé des prônes. C'est un
moyen d'instruction et d'intérêt. Les indifférents, les

adversaires, veulent toujours savoir ce que le curé a dit.

M. Brellaz. — 3° Ensuite vient le *Calendrier* ou *Indicateur Paroissial*. Cette partie contiendra tout ce qui se fait *dans le mois* à l'église et dans la paroisse, pour les paroissiens : « Horaire complet, exact, et qui ne laisse pas de doute dans les esprits, de façon qu'on puisse se renseigner sûrement et à temps, les uns les autres. Horaire aussi que l'on sache non-seulement fixé sur feuillet imprimé, mais suivi ponctuellement comme il convient à toute administration correcte et qui tient à sa bonne renommée. C'est un excellent moyen de familiariser les fidèles au mécanisme de la vie paroissiale et d'aider les meilleurs à y familiariser les autres. » Il est très important de commencer très exactement les offices aux heures indiquées dans le Bulletin.

4° Pour terminer la Chronique paroissiale, nous ajouterons l'histoire de la paroisse. « Ce sont de simples notes d'histoire et d'archéologie concernant la paroisse et la région. Un article sur ce sujet est très bien à sa place dans un Bulletin paroissial. Il faut faire aimer aux fidèles leur paroisse, et pour cela un excellent moyen est de la leur faire connaître. On fréquente plus volontiers une église dont on connaît l'histoire, dont on a appris à apprécier les œuvres d'art. Des souvenirs très intéressants et très nobles se rattachent parfois à de très pauvres paroisses ; faire revivre ces souvenirs pour ceux qui en sont les héritiers directs, c'est éveiller dans leurs âmes des sentiments d'honneur paroissial qui en sauvegarderont beaucoup et en ramèneront plusieurs. »

M. Schaefer. — Cette histoire de la paroisse dont vous parlez doit être avant tout concrète et plus intéressante que l'archéologie toujours aride pour le peuple.

M. Brellaz. — Voici à peu près en quels termes M. l'abbé Mandet, curé de Monteignet, diocèse de Moulins, parle de l'histoire de la paroisse dans le Bulletin paroissial :

« N'est-ce pas offrir, dit-il, un appât naturel à la juste curiosité des lecteurs que de lui présenter une histoire locale qui, parlant des ancêtres et de l'ancien état de choses, retracerait à leurs yeux comme les titres de noblesse de la famille religieuse, en un mot, de faire l'*historique* de la paroisse. Pour cela, il faut compulser les vieux registres paroissiaux, fouiller les archives de la région ou du département, consulter les ouvrages spéciaux qui donnent l'histoire de la province. Sans doute, cela donne un peu de mal, il faut faire des démarches pour réunir les matériaux nécessaires. Mais combien la joie des découvertes dédommage de la peine des recherches. Du reste, on aurait tort de s'exagérer les difficultés ou de douter du succès, on peut mettre en fait que toutes les paroisses ont leur histoire, plus ou moins intéressante et détaillée. » Qu'on essaie, on trouvera certainement plus ou moins à dire :

1° Sur l'église paroissiale : époque et durée de la construction, prix, style, restauration, sacristie, objets précieux ou antiques, mobilier.

2° Sur le cimetière : date d'érection, croix, tombeaux, translation.

3° Sur le presbytère — sur les édifices et monuments remarquables de la paroisse — pèlerinages et lieux de dévotion.

4° Sur la paroisse elle-même : nom, origine, circonscription, villages, population, pays, etc.

5° Sur les précédents pasteurs et leurs auxilliaires, les communautés religieuses.

6° Sur les établissements religieux ou autres, prieurés, vicairies, hôpitaux, écoles.

7° Sur les personnages ayant illustré la localité à un titre quelconque, religieux, civil ou militaire.

8° Sur les grandes et anciennes familles dont l'histoire se livre si étroitement parfois avec l'histoire religieuse d'un pays.

9° Sur les autres familles ayant habité la paroisse et dont il reste des rejetons.

10° Enfin, sur l'aspect général de la population ; caractère, fêtes, mœurs et coutumes, sur les divers événements qui s'y sont passés, sur les monuments, antiquités, productions du commerce, de l'industrie, de l'agriculture.

« On voit combien il faudra d'années avant d'épuiser les matériaux réunis sous ces différents chefs. Quel charme, quel intérêt, quelle source féconde d'utiles leçons on peut trouver là pour les paroissiens. Combien il est facile de tirer des événements bons ou fâcheux une morale pour l'avenir ! Ces courtes et vives réflexions qui jaillissent naturellement du récit font d'autant plus d'impression que le lecteur est moins en garde contre le moraliste et qu'il peut moins contredire une conséquence qui est si fortement basée sur un fait patent comme sur un principe inébranlable.

A l'*histoire du passé* on peut joindre comme *pendant* l'*histoire du présent* et dépeindre : 1° l'église paroissiale — annexes et chapelles. — 2° faire l'histoire des reliques — presbytère — édifices et monuments actuels de la paroisse — pèlerinages et lieux de dévotion — population, pays, mœurs, traditions locales, suspertitions, etc. — histoire de l'administion pastorale, des titulaires de la paroisse et du personnel auxiliaire, frères, sœurs, sacristain, chantre — histoire sommaire des œuvres, associations et confréries — histoire des coutumes locales et paroissiales — histoire des fondations, des écoles, des établissements charitables, etc.— histoire des vocations sacerdotales et religieuses dans la paroisse — rapports avec l'autorité diocésaine — rapports, débats et conflits avec l'autorité civile — historique des dépenses et acquisitions nouvelles, des réparations et constructions, des donations et legs, etc. — des services rendus.

M. de Neuville. — Mais l'histoire d'une paroisse est vite épuisée !

M. Delahaye. — Vous m'étonnez ! Quand on sait

s'y prendre on peut trouver abondamment de quoi fournir une chronique. Fouillez à la mairie.

M. de Neuville. — M. le curé de Clichy a commencé cette histoire dans son Bulletin il y a 2 ans et le voici au bout.

M. Delahaye. — Eh ! bien, j'en suis étonné.

M. Brellaz. — Remarquez que ceci n'est qu'une indication. Il n'y a pas de sujet obligatoire. On fait ce qu'on peut.

M. Grandremy. — J'en reviens à mon principe : laisser à chacun sa liberté et son initiative. Ne devrait-on pas plutôt énumérer ce qu'il ne faut pas insérer ?

M. Brellaz. — Cela viendra.

M. de Neuville. — On a parlé, il y a un instant, de mettre en tête le mot du curé. Mais il est difficile à composer d'une façon continue.

M. Gibier. — Non, il n'est pas difficile de parler, 12 fois par an, à cœur ouvert à ses paroissiens. On n'est pas obligé d'être sublime.

M. Brellaz. — Le curé qui fait le prône le dimanche a toujours quelque chose à dire. D'ailleurs on peut puiser dans les autres bulletins.

M. Gibier. — C'est évident ! Ce mot se fait sur les événements de la semaine, du mois, première communion, moissons, etc.

M. Delahaye. — Tenez, voici un exemple : un paroissien vous sert une bourde, une objection ; soyez certain que si les autres ne vous l'ont pas servie, ils l'ont dans l'esprit ; en répondant à un, vous répondez à tous.

M. Brellaz. — En somme, le mot du curé est très utile. — Nous passons à la 2ᵉ partie de nos articles : *l'instruction religieuse.* Le Bulletin paroissial a pour but de suppléer à l'insuffisance actuelle de l'enseignement de la chaire. Il doit donc donner à tous l'instruction religieuse. Il atteindra ce but par des articles d'apologétique populaire, réfutation des objections et des préjugés contre la religion et les prêtres, etc., par des articles de dogme, de morale, de piété chrétienne, etc. Il arrivera ainsi à atteindre les trois principales catégories de personnes formant une paroisse : incrédules, demi-chrétiens, personnes pieuses. Le Bulletin sera comme un prédicateur à domicile.

M. Grandremy. — En principe, le Bulletin s'adresse surtout à ceux qui ne viennent pas à l'église. Donc, pas d'articles mystiques.

M. Brellaz. — Articles, non, mais parfois, souvent même, une pensée pieuse. En outre, pour la catégorie des paroissiens chrétiens non pratiquants, un article bref et alerte de morale ne paraît pas déplacé.

M. Soulange-Bodin. — Pouvez-vous nous citer

des modèles, des livres intéressants, que l'on puisse consulter et copier ?

M. Gonterot. — Il y a l'abbé Sifflet.

M. Verdun. — Il y a le catéchisme liturgique de M. Vigourel.

M. Brellaz. — Certains prêtres ne veulent pas entendre parler de nouveaux moyens pour propager la religion :

« Qu'on ne nous objecte pas, dit M. l'abbé Hégo, curé de Sin-le-Noble, directeur de la *Quinzaine paroissiale* de cette localité, qu'on ne nous objecte pas la nouveauté de cette méthode, l'étrangeté de ce mode de prédication. Est-ce que les apôtres eux-mêmes n'ont pas écrit leurs instructions à leurs disciples, aux églises primitives? On a dit, non sans apparence de raison, que si S. Paul avait vécu de nos jours, il se serait fait journaliste. On ne prétend pas sans doute par là qu'il eût pris parti pour l'une ou l'autre opinion purement politique; on veut dire que saint Paul n'eût pas hésité à se servir de la *presse*, s'il l'avait eue, à sa disposition, pour enseigner l'Evangile. » Il aurait eu, en elle, un merveilleux instrument de diffusion pour ses épîtres aux chrétientés primitives.

« Le Pape Léon XIII, dont l'esprit de sagesse est si hautement apprécié, même de ses adversaires, *ne presse-t-il pas tous ceux qui sont capables de parler et d'écrire d'em-*

ployer leur *talent à exposer les vérités de la religion
chrétienne par l'écrit et la parole*. (Enc. *Humanum
genus*, contre les francs-maçons).

« On conviendra que la mission dont parle ici le Souverain
Pontife incombe en première ligne aux prêtres ayant charge
d'âmes, c'est-à-dire aux curés.

« Du reste, ce qui peut paraître insolite et étonnant parmi
nous ne l'est nullement en plusieurs contrées catholiques du
monde. En Allemagne, dans les paroisses d'une certaine
importance, le clergé a son organe, ses œuvres de presse,
dont souvent un des vicaires est tout spécialement chargé.
En Amérique, les prêtres et les évêques enseignent habituelle-
ment par la voie des journaux. Pourquoi le clergé français
n'userait-il pas d'un moyen si puissant pour faire le bien ? »

Le *Bulletin paroissial* donnera donc *l'instruction
religieuse* la plus complète possible. Mais là, à notre
avis, ne doit pas se borner son rôle, parce que la mission du prêtre s'étend plus loin. Le prêtre n'est pas
seulement prédicateur de l'Evangile, dans le sens strict
du mot, il doit être aussi *l'éducateur* du peuple que
Dieu lui a confié. Il doit enseigner à chacun ses *devoirs
d'état*, être de tous le meilleur conseiller, rendre à ses
paroissiens tous les services qu'il peut leur rendre, tant
au point de vue spirituel que matériel.

Le Bulletin paroissial, qui est l'organe du prêtre,
devra donc aussi enseigner :

1° *aux parents et aux enfants*, les principes de l'éducation chrétienne, — si peu connus et pratiqués, et pourtant si nécessaires — puisque l'éducation est la base et le but de la famille.

2° *à l'ouvrier — industriel ou agricole —* les principes directifs de sa vie professionnelle et les moyens propres à améliorer sa situation.

3° *aux mères de famille* et aux jeunes filles, futures ménagères, les principes de la *science du ménage* et les vertus et qualités qui leur sont nécessaires pour bien diriger leur intérieur, principes et qualités sans lesquels le foyer ouvrier est sans charmes, souvent déserté et va à sa ruine.

— Qu'on ne trouve pas étrange, insolite, le programme que nous traçons du Bulletin paroissial. Education, qualités professionnelles, vertus ménagères, font partie des *devoirs* d'état de nos paroissiens. N'est-ce pas le rôle du prêtre de les enseigner ?

M. Delahaye. — Certainement, et je dois vous dire que le Bulletin protestant qui se publie à Josnes m'a paru si bien fait que j'en ai été émerveillé ; j'ai alors compris comment ces braves paysans avaient pu se laisser prendre dans le protestantisme. De là m'est venu l'idée d'en fonder un pour parer à tout mal.

M. Brellaz. — Du reste, nos adversaires ont fait

de la presse un instrument si puissant contre nous que
nous ne devons pas hésiter à en faire aussi un puissant
moyen d'apostolat.

M. Gibier. — Cela est la justification de notre
congrès. Notre besogne est bonne, nous la reprendrons
à la séance de ce soir.

La séance est terminée par la prière.

DEUXIÈME SÉANCE

SUITE DE LA DEUXIÈME PARTIE

(Questions à traiter)

La séance est ouverte par la prière, sous la présidence
de M. Gibier.

M. Gibier. — M. Gonterot va nous donner lecture
d'une liste.

M. Gonterot. — Voici les noms des prêtres qui
ont envoyé leur adhésion au Congrès en exprimant
leurs regrets de ne pouvoir faire acte de présence.
Toutes les adhésions sont accompagnées des expressions les plus sympathiques et témoignent du grand
intérêt qu'a suscité le programme de notre congrès
intime. *(Voir à la page 14 la liste des adhérents).*

M. Gibier. — Cette liste est très significative ; elle prouve que notre congrès répond à un besoin, que, par suite, nos travaux bien modernes ne sont pas inutiles. Ceci doit nous donner une nouvelle ardeur pour continuer.

M. Brellaz. — Je reviens brièvement sur la division du Bulletin en deux parties :

1° *Partie locale comprenant* :

1° Le mot du curé ;

2° Chronique des œuvres ;

3° Calendrier-indicateur ;

4° Histoire de la paroisse.

2° *Partie générale* dans laquelle on fait entrer les articles d'instruction, d'éducation, les conseils, les variétés, etc. Dans notre pensée, le Bulletin paroissial devrait tendre à former peu à peu un manuel complet d'instruction et d'éducation populaire chrétienne, atteignant tout l'homme, âme et corps ; il devrait atteindre aussi la famille ouvrière tout entière en s'occupant de ses besoins spirituels et matériels ; ce serait imiter le Divin Maître qui accompagnait presque toujours sa doctrine d'exemples, de faits, de conseils relatifs à la vie pratique de son temps. De la sorte, le Bulletin renfermerait, à un moment donné, tout ce qui est nécessaire à la famille ouvrière pour diriger sa vie au point de vue religieux, moral, professionnel, économique et social.

— Qu'on nous permette d'insister un peu sur la nécessité de l'éducation à donner au peuple par le Bulletin paroissial. On ne peut guère traiter ce sujet à l'église que d'une façon indirecte. Et pourtant l'*éducation populaire* est le grand champ de bataille où, à l'heure actuelle, nos ennemis livrent à l'Eglise un terrible combat. Voulant soustraire le peuple à l'influence de l'Eglise et du prêtre, ils ont parfaitement compris que « *aura le peuple qui en fera l'éducation.* » Voilà pourquoi ils ont fait les lois scolaires, multiplié les écoles laïques, développé depuis quelques années les œuvres post-scolaires, d'une manière effrayante. Faut-il coter la statistique officielle pour l'année 1898-1899 : « 34.987 cours d'adolescents ou d'adultes ; 116.822 conférences avec ou sans projections ; 871 mutualités scolaires (petites Cavé) englobant 400.000 enfants ; 200 à l'approbation ; 150 en formation ; 3.671 associations d'anciennes et d'anciens élèves ; 500 en formation ; 986 patronages ouverts, 100 à la veille de s'ouvrir — 5.000 groupements de jeunes gens formés autour des écoles laïques, 1.500 réunions semblables de jeunes filles — 450,000 jeunes gens fréquentant les écoles du soir ; 900.000 inscrits —

46,386 instituteurs et institutrices professant des cours d'adultes et faisant des conférences et en outre plus de 6,000 lecteurs ou conférenciers volontaires. — 1.300.000 fr. ont été dépensés dans ce but par l'initiative privée — 1.000.000 fr. ont été versés par les municipalités et conseils généraux et l'Etat a fourni une subvention de 180.000 francs.

Les ennemis de la religion organisent donc partout l'enseignement et l'éducation populaire athée, car c'est le meilleur moyen de détruire la religion dans un pays. Nous venons de voir de quelles armes nombreuses et terribles ils se servent. Tous les esprits réfléchis le comprennent : jamais plus formidable assaut n'avait été livré en France au catholicisme.

Dans cette lutte suprême, pouvons-nous, nous, prêtres, rester inactifs et attendre — en vain — que le peuple revienne à nous ? Non, si le peuple ne vient plus à nous, écouter notre parole qui tombe de la chaire, nous devons aller à lui et lui porter à *domicile* non seulement l'instruction religieuse qui lui est nécessaire pour son salut éternel, mais encore l'instruction et les principes d'éducation qui lui sont utiles pour son bonheur en ce monde.

Ne nous illusionnons pas ; le peuple est matérialisé et ce qui le touche le plus, c'est moins le salut de son âme que le souci de ses intérêts matériels. Si donc nous voulons gagner son cœur et sa confiance, nous devons chercher à lui être utile même au point de vue matériel — *ubi thesaurus vester, ibi et cor vestrum erit* — suivant en cela l'exemple du Divin Maître qui accompagna presque toujours d'un bienfait matériel l'exposé de sa Doctrine, comme pour lui ouvrir le chemin des cœurs et la faire mieux accepter.

Voici, à notre avis, les trois principales raisons pour lesquelles le Bulletin paroissial doit s'occuper d'éducation populaire :

1° Pour rendre au peuple de réels services et lui témoigner ainsi la profonde et sincère affection que nous avons pour lui et pour tous ses intérêts aussi bien matériels que spirituels.

2° Pour mieux faire accepter l'instruction religieuse.

3° Pour lutter contre l'organisation puissante d'éducation populaire athée des ennemis de la religion.

M. Gibier. — Quelqu'un a-t-il des observations à faire à cet exposé ?

M. Delahaye. — Il est merveilleux.

M. Grandremy. — Dans certaines paroisses on fera rire de soi en donnant des conseils à la ménagère.

M. Delahaye. — Vous croyez ? on peut cependant donner des conseils très utiles et qui rendront service.

M. Grandremy. — Il me paraît ridicule d'indiquer dans un Bulletin paroissial la manière de faire pousser des roses ou begonia, ou celle de faire une bonne soupe.

M. Gerbault. — Peut-être que cela ne nuirait pas.

M. Brellaz. — Il est évident qu'on ne mettra pas de détails puérils. Voici ma façon de procéder pour un bulletin de 16 pages : Trois pages de chronique paroissiale, cinq à six pages d'instruction religieuse, une page d'éducation, deux pages consacrées à la science professionnelle, etc., (conduite, ordre, économie, habitations ouvrières, caisse de retraites, etc.), une page d'hygiène ; les recettes d'hygiène sont très lues partout; puis des principes de science ménagère : d'ailleurs une bonne recette ne fait jamais rire. A propos de ces petites questions, on peut utilement rappeler aux lecteurs, par exemple, l'avantage de payer comptant pour éviter les dettes. Le reste du bulletin est en variétés et articles divers, mêlant l'utile, le sérieux et l'agréable.

M. Gibier. — Il est nécessaire de montrer au peuple que nous ne sommes pas indifférents à ses intérêts matériels.

Mgr Lesur. — Nous devons, je crois, y ajouter les devoirs du citoyen.

M. Grandremy. — Oui, en temps d'élections.

M. Brellaz. — Nous nous occupons trop exclusivement de l'âme ; il est bien juste que, sans rien négliger de ce qui la concerne, nous ayons quelque sollicitude pour les détails matériels.

M. Gibier. — Certainement. Si vous êtes, par exemple, dans un pays de vignobles, vos paroissiens ne dédaigneront pas vos conseils sur les remèdes contre le mildew et l'oïdium.

M. Grandremy. — Mais alors nous tombons dans le journal ordinaire.

M. Delahaye. — Il est inadmissible que nous restions insensibles aux peines et aux malheurs de nos paroissiens. Or, ces malheurs ne comprennent pas que les décès et deuils de familles ; il ne suffit pas de leur parler du ciel quand une gelée a compromis toute une récolte ; il n'y a rien de déplacé pour nous à les aider à prévenir d'autres malheurs ou à y remédier.

M. Gibier. — Evidemment.

M. Brellaz. — C'est dans ce sens que j'ai inséré dans mon Bulletin deux pages sur les engrais chimiques. Elles ont été très lues et mises à profit.

M. Grandremy. — Cela dépend du milieu.

Une voix. — Mais le principe reste le même.

M. Brellaz. — Voici maintenant, à mon avis, ce qu'il ne faudrait pas insérer au Bulletin :

1° Les questions de *politique*. Si le prêtre, en tant que citoyen, a le droit d'avoir ses opinions politiques et de les manifester, il est préférable que, en tant que curé, il ne s'occupe pas de politique. Le *Bulletin*, organe religieux de la paroisse, ne doit donc pas s'en occuper. La politique divise et irrite ; la mission du Bulletin, comme celle du prêtre, doit être de rapprocher et d'unir.

2° Les *polémiques*. Elles ne convainquent que rarement, pour ne pas dire jamais, les adversaires, et aliènent les esprits.

3° Les *personnalités*. Elles blessent l'amour-propre de ceux qui en sont l'objet et aliènent les cœurs.

La politique que nous voudrions écarter du Bulletin paroissial, c'est la discussion des lois, des mesures gouvernementales, des événements politiques qui se succèdent. Mais on peut très utilement insérer dans le Bulletin paroissial le résumé des faits politiques importants du mois, les décisions du conseil municipal de la commune (sans appréciation), etc., etc.

M. Gibier. — Tout le monde est bien d'accord sur ce point. Quelqu'un a-t-il des observations à faire ?

M. Grandremy. — Je reviens aux articles précédents (agricoles, etc.). On a parlé ce matin de deux catégories d'articles à mettre dans le Bulletin tendant

1° à reconstituer la vie paroissiale ; 2° à donner l'instruction religieuse. Dans quelle catégorie ces derniers articles rentrent-ils ?

M. Gibier. — Il a été convenu et accepté unanimement ce matin que pour faire lire nos articles religieux, il fallait non seulement les agrémenter, mais les faire suiv' 'articles matériels intéressant particulièrement les paroissiens.

M. Delahaye. — C'est le seul moyen de faire accepter les articles de doctrine et d'instruction. Cela est si vrai que lorsque les paroissiens nous parlent du Bulletin, ils restent muets sur le mot du curé ou sur le prône, tandis qu'ils causent des avis, recettes, conseils pratiques qu'on leur a donnés.

M. Chaptal. — Au lieu de faire une énumération si minutieuse, ne pourrait-on pas résumer tout ceci et le préciser en disant que le Bulletin parlera de tout ce qui est honnête et utile aux paroissiens.

M. Gibier. — Certainement.

M. Delahaye. — Un de mes paroissiens m'a remercié d'avoir donné dans le Bulletin des renseignements sur les divers emplois de l'eau chaude.

M. Gibier. — Donc, en résumé, le rapport de M. Brellaz indique parfaitement la matière du Bulletin.

Une voix. — Il faut non seulement former le chrétien, mais encore l'homme, le citoyen.

M. Soulange-Bodin. — Oui, car en général, nos catholiques ne connaissent pas ou semblent ne pas connaître leurs devoirs de citoyen.

M. Dabry. — Ce terrain de l'éducation civique est glissant, il mène facilement à la politique dont l'esprit est contraire au Bulletin.

Mgr Lesur. — Mais remarquez que l'éducation civique, le droit pratique et usuel, sont une science indépendante de toute idée de gouvernement. Il me paraît très utile d'indiquer aux paroissiens souvent ignorants en ces matières, les formalités à remplir à la naissance, à la majorité, au moment de la conscription, etc., etc. Je puis indiquer un *vade-mecum* des maires que j'ai publié pour rendre ces divers services.

M. Delahaye. — On pourrait tout simplement donner le manuel civique à l'usage des écoles.

Une voix. — Mais c'est de la copie alors.

M. Delahaye. — Pourquoi pas ? Bien que ce manuel soit entre les mains de tous, en général, il suffit qu'il soit *manuel* pour qu'on ne le lise pas. Des extraits donnés dans le Bulletin seraient lus.

Un membre. — On n'a rien dit des caricatures.

M. le curé de Morville les réussit assez et amuse fort ses paroissiens tout en les intéressant.

M. Brellaz. — Tout le monde n'est pas doué pour ce genre. Mais plusieurs curés m'ont demandé d'insérer des bons mots et des récréations scientifiques.

M. Soulange-Bodin. — Ils ont quelquefois leur utilité.

M. Gibier. — Laissons cela au tact et à l'initiative de chacun. Nous passons à la question suivante :

LA RÉDACTION

Indiquer ses qualités. Ne faut-il pas éviter les abstractions, pour viser au réel et au pratique ?

Un style familier, mais toujours digne. Ne faut-il pas éviter tout ce qui peut blesser un paroissien quelconque ?

M. Brellaz. — Le programme très vaste que doit réaliser le Bulletin paroissial ne laisse qu'un espace mesuré et restreint pour chacun des sujets à traiter. Il faut donc, dans les articles insérés, condenser sa pensée en peu de mots, s'abstenir de toute théorie, de toute abstraction pour ne viser qu'au *réel* et au *pratique*.

D'autre part le profond respect que tout éducateur

doit professer pour les âmes dont l'instruction et la formation lui sont confiées, incitera le rédacteur du Bulletin à réfléchir beaucoup, à méditer longuement, à étudier sérieusement les questions à traiter, afin de n'offrir à l'intelligence et au cœur des lecteurs qu'une nourriture saine, solide et bien préparée.

Se souvenir qu'ordinairement, le Bulletin paraît seulement 12 fois par an et que ce serait une grosse erreur d'en gaspiller une part, si minime soit-elle, à des inutilités et à du verbiage.

Le Bulletin paroissial, étant l'organe du prêtre de paroisse, le curé, aux yeux de la population, portera la responsabilité de tout ce qui y sera inséré.

Cet aspect doit nous éclairer sur la forme à donner aux articles. C'est là un point capital. Auprès des intelligences populaires, *la vérité vaut surtout par la façon dont elle est présentée.*

Style. Il faut donc soigner tout particulièrement le style du Bulletin, pour qu'il soit toujours très simple, très clair, très précis, très facilement compris des lecteurs paysans et ouvriers, mais surtout il faut veiller au *ton* adopté.

Ton. — Le ton doit être celui d'un excellent curé très paternel, parlant avec affabilité à ses paroissiens et faisant passer dans sa parole toute la charité, toute l'affection qui emplit son cœur de prêtre pour les âmes qui lui sont confiées. Ce ton toujours calme, toujours digne, n'exclut ni l'allure alerte, ni la tournure enjouée, ni le petit mot pour rire, etc. Eviter soigneusement d'être triste, solennel, magistral et surtout *sermonneur.*

Etre très prudent dans les questions à traiter — éviter toutes celles qui prêtent à discussion et à controverse. Le Bulletin n'est pas un organe d'avant-garde. Etre aussi très circonspect dans le choix des expressions employées ; s'abstenir de toutes les appellations de combat, telles que : socialistes, francs-maçons, écoles sans Dieu, la laïque, protestante, etc.

Le Bulletin n'est pas un journal, il ne fait pas de polémique.

Le Bulletin, comme le curé, dont il est la parole écrite, doit se faire *tout à tous* et ne froisser personne, ni les pauvres, ni les riches, ni les patrons, ni les autorités civiles ou ecclésiastiques, ni les fonctionnaires d'une catégorie quelconque de personnes, etc.

Il doit rectifier doucement, paternellement, les erreurs, les préjugés des uns et des autres sans jamais prononcer un mot qui puisse blesser.

La vérité peut toujours être dite *totalement* ; l'essentiel est de la faire bien accepter de tous par la façon charitable dont on l'a dit.

Le Bulletin ne fera aucun bien s'il froisse, s'il mécontente quelques-uns de ses lecteurs.

Pour arriver à gagner l'entière confiance de ceux qui nous lisent, il faut n'émettre tout d'abord, que des vérités évidentes, claires comme la lumière, et surtout leur faire sentir en notre parole une ardente et sincère volonté de leur faire du bien, tant au point de vue matériel que spirituel, avec un complet désintéressement de nous-mêmes.

Quand leur cœur sera gagné, leur intelligence ne tardera pas à l'être.

M. Jéchoux. — Pas d'abstractions ! Il faudrait le genre Veuillot, de Ségur, etc., et éviter à tout prix de blesser.

M. Apcher. — Eviter surtout toute polémique locale ou politique : autrement notre Bulletin destiné à être le plus puissant facteur de la paix et de l'union, serait au contraire un ferment de discorde et de haine, notre but serait complètement manqué.

Si le curé a besoin de répondre à une attaque personnelle, à des injures publiques ou aux insinuations d'un mauvais journal, s'il croit urgent de recourir à la voix de la publicité pour défendre son droit ou celui de son église, qu'il porte toute cette polémique sur le terrain des journaux de la région, et que le Bulletin y reste absolument étranger.

M. Neveu. — La doctrine doit être bien triturée, exposée dans de courts alinéas.

6

M. Rude. — Peut-être quelques abstractions pour les villes où il y a des intellectuels et encore ! Pour les campagnes, il faut du pratique exclusivement. Il est absolument nécessaire de ne pas blesser un paroissien, lors même qu'il aurait cent fois tort.

M. Sifflet. — Il ne faut pas même blesser un juif.

M. P... — Oh ! oui, éviter les abstractions pour viser au réel et au pratique. Ce n'est pas pour deux ou trois savants, deux ou trois érudits qui ont fait leurs études, c'est *pour le peuple* qu'il faut écrire. Le peuple a juste appris à lire, il lit mal les longues phrases, il n'a pas de Littré à son usage pour comprendre une foule de termes capables de donner cependant une haute idée des talents de l'auteur, c'est pour ce peuple, c'est pour les enfants auxquels sera souvent confiée la lecture au foyer que le rédacteur doit écrire. Etre donc très clair, très simple, mais aussi (je ne dis pas sévère et triste) mais digne.

Il faut surtout éviter la politique et tout ce qui pourrait froisser un paroissien quelconque, ou même de la paroisse voisine.

M. Galliot. — Il ne faut pas, sous prétexte d'éviter les abstractions, mettre de côté le dogme, base de la morale.

Il y a une manière de présenter les abstractions qui ne s'oppose pas au genre du Bulletin. Dernièrement il s'agissait, dans une conférence, d'élucider un point de morale relatif à la messe. Après maintes discussions, un membre posa cette question: « Qu'est-ce qui constitue l'essence du S. Sacrifice? » Une fois cette question de dogme tranchée, la conclusion morale apparaissait d'elle-même. Cet exemple peut montrer l'importance capitale du dogme et des principes pour la morale. C'est une parenthèse.

M. Pichat. — La rédaction doit pouvoir être comprise de tous.

M. Gasnier. — Le style doit être simple. On écrit non pour faire des phrases mais pour sauver des âmes. N'est-ce pas par cette simplicité, que les ennemis de la religion ont semé et sèment le mal ? On les comprend trop bien, hélas ? Ecrivons pour que le lecteur nous comprenne et non pour qu'on dise : voilà un article bien tourné !

M. Bouin. — Si on a pu dire non sans quelque apparence de vérité que S. Paul vivant à notre époque se serait fait journaliste, ne pourrait-on pas affirmer qu'il aurait excellé dans la rédaction des Bulletins paroissiaux ? Il ne faut pas se le dissimuler, S. Paul, le grand docteur, le grand épistolier catholique est un type admirable, un modèle accompli dans la rédaction de ces lettres qu'il adressait aux fidèles de toutes les églises et qui ne sont après tout que de véritables Bulletins paroissiaux, de vraies chroniques destinées à faire parvenir aux premiers chrétiens toutes les nouvelles religieuses pouvant les intéresser, et à leur rappeler en même temps leurs devoirs envers Dieu et la Religion. Pour conclure, je dis qu'actuellement, la rédaction si intéressante du Bulletin fournie par le Comité répond entièrement aux besoins de nos populations travaillées par le scepticisme et l'indifférence.

M. Chaize. — Les rédacteurs feront bien de viser toujours à la clarté, à la brièveté et au relief de la rédaction.

M. Toussaint. — Eviter le genre sermon ; ceux de nos paroissiens que nous visons surtout seraient effarouchés ; ils ne nous liraient pas.

Donner à notre Bulletin une couleur locale accentuée ; et si, parfois, nous sommes obligés, pour compléter un de ces numéros, d'aller butiner dans une autre publication, dans un journal ou dans un livre, modifier et transformer quelque peu ces artictes d'emprunt de manière à leur donner un peu de cette couleur locale.

Ne signaler et n'attaquer que très modérément ou même pas du tout les abus qui peuvent exister dans la paroisse. Mieux vaut réserver cela pour la chaire de vérité, ou nous nous posons beaucoup mieux, *tranquam auctoritatem habentes.*

M. Gibier. — Pour résumer, disons que le bulletin doit être pratique, digne, bienveillant.

1° Pratique. — Pas de discussions vagues sur des questions générales. Mais le côté pratique n'exclut pas du tout les questions de dogme.

2° Digne. — Les paysans qui parlent un langage si pittoresque et si rustique ne permettraient pas cependant qu'on parlât leur langage. L'ouvrier qui, très souvent, emprunte à l'argot des expressions nombreuses, ne serait pas satisfait de voir son curé l'imiter dans ce genre.

3° Bienveillant. — C'est évident ! Mais jusqu'où aller dans la bienveillance ? Sera-t-il interdit de relever un peu vertement les calomnies répandues sur le prêtre ou sur la religion ?

M. Schaefer. — Il y a manière de se défendre. Il peut être utile parfois de se montrer virulent, autrement on croira que le curé recule, qu'il a peur.

M. Grandremy. — Le Bulletin paroissial n'est pas le cadre convenable à une défense de ce genre ; il y a le journal.

M. Gerbault. — Sans être virulent, on peut exposer les faits, sans y ajouter de réfléxions personnelles.

M. Delahaye. — Voici un exemple tendant à prouver le contraire : M. Gibier, attaqué dans un journal, s'est défendu en pleine chaire. Or, comme le Bulletin est fait pour compléter l'enseignement de la chaire, on pourrait dire que les articles de défense y ont accès.

M. Gibier. — Il faut reconnaître *qu'en principe* il ne faut pas faire du Bulletin un instrument de polémique.

M. Brellaz. — Tout le monde est donc d'accord pour éviter en principe toute polémique et toute virulence. Au reste, quand on est en butte aux calomnies, il suffit d'exposer les faits, la vérité apparaîtra d'elle-même.

M. Poirier. — Je voudrais formuler un vœu : c'est de voir le Bulletin paroissial semé d'anecdotes piquantes, de variétés, telles que celles de Pierre L'Ermite dans la *Croix*, et d'y voir fleurir le style genre Veuillot, si alerte et si profond.

Une Voix. — C'est un talent qui n'est pas donné à tous.

M. Brellaz. — Je reviens sur cette idée qu'on peut insérer dans le Bulletin des articles politiques, mais non pas des articles de discussion politique. Il suffira d'énoncer les faits politiques du mois, lois votées, etc., sans appréciation. La critique des actes gouvernementaux, bons ou mauvais, me paraît être l'œuvre du journal politique plutôt que celle du Bulletin.

M. Gibier. — Il est bien difficile d'énoncer certains faits politiques sans les stigmatiser, surtout quand ils sont contraires à la religion. Ne vaut-il pas mieux se taire ?

M. Schaefer. — Se taire sur certains faits, actes ou certaines lois du gouvernement devient parfois un scandale.

M. Brellaz. — Il faut sans doute défendre la religion quand elle est attaquée, c'est le devoir du prêtre. Mais en dehors de cela, il faut éviter d'apprécier des faits politiques, afin de ne pas froisser une partie de la population.

M. Gibier. — Bien qu'en principe on ne doive pas aborder de sujets aussi délicats, il faudra parfois avoir le courage de stigmatiser certains événements, certaines lois. D'ailleurs la forme joue ici un très grand rôle. Avant tout, le Bulletin est un instrument d'information et non de polémique.

M. Brellaz. — Quand nous donnons des conseils, nous devrions chercher à concrétiser les leçons par des exemples au lieu de rester dans la forme sèche et peu lue du précepte et de l'avis. Voici un exemple intéressant tiré de l'*Echo d'Izieux* qui fera mieux comprendre ma pensée.

Le rédacteur veut corriger chez certains parents ce mauvais procédé d'éducation qui leur fait parfois châtier un acte de maladresse de leurs enfants avec plus de sévérité qu'une véritable faute. Voici la façon charmante et spirituelle dont il s'y prend :

« L'autre jour, au *Pré-Château*, Mademoiselle Lili, bonne enfant, mais un peu maladroite, a cassé son assiette. Maman aussitôt a saisi le fouet et l'a fouettée d'importance : « La sotte ! comme si on les donnait les assiettes ! » Et Lili, depuis ce jour, a le cœur aigri et moins bon.

Pas plus tard qu'hier, Lili a dit un gros mensonge à Papa.

Maman a eu un sourire ; maman a même embrassé Lili. C'était un mensonge, mais c'était dit avec tant d'esprit.

Et désormais, Lili saura qu'il est infiniment plus grave aux yeux de maman, de *casser son assiette* sans le vouloir faire, que de dire un mensonge avec aplomb.

Pauvres enfants ! malheureux parents !

De cette manière, le précepte est compris plus facilement par l'esprit du lecteur et la leçon qu'on veut lui inculquer se grave plus profondément. Nos enseignements, quels qu'ils soient, devraient le plus souvent être présentés sous forme d'exemples ou au moins corroborés par une histoire. Rappelons-nous cette maxime qui est, si je ne me trompe, de Quintilien ; *Longum iter per præcepta breve et efficax per exempla.*

M. Delahaye. — De même, nous ne devrions pas perdre de vue qu'il faut toujours soigner le style, être correct et élégant dans la forme. Si on veut bien le permettre, je citerai un fait personnel. En annonçant à mes paroissiens quelle serait la matière du Bulletin, j'écrivis ceci : « Y fera-t-on de la politique ? pas une miette. » Ce mot « *miette* » les a offusqués. Ils ont immédiatement soupçonné leur curé d'emprunter leur langage pour se moquer d'eux. — Il ne serait pas inutile non plus de citer le plus de noms propres possible. C'est ainsi que j'insère toujours le nom des personnes qui offrent le pain bénit. Cela flatte les donateurs et fait naître chez les voisins le désir d'en faire autant.

M. Gibier. — Nous passons maintenant à une autre question :

FORME MATÉRIELLE DU BULLETIN

Quel est votre avis à ce sujet ? Journal, revue, brochure, tract, etc... format, papier, typographie.

M. Brellaz. — Le Bulletin paroissial doit-il avoir la forme du journal, de la brochure, ou d'un tract, etc.? — Cette question est, en soi secondaire. Elle dépend surtout des préférences et du goût de chaque directeur de Bulletin et aussi des préférences et goûts des populations.

Cette question secondaire a néanmoins une certaine importance. Pour nous, le Bulletin doit former peu à peu l'histoire de la paroisse et devenir le manuel complet d'instruction et d'éducation chrétienne de la famille. Il faut donc lui donner la forme la plus propre à la collection et à la conservation. Or, la forme journal expose davantage le Bulletin à la destruction parce qu'elle se prête mieux aux mille usages des vieux papiers : envelopper des objets, faire des paquets, etc. Nous sommes donc d'avis que la brochure est préférable comme forme, quoiqu'elle soit d'une exécution typographique plus difficile et plus coûteuse.

M. Verdun. — Il y a une forme traditionnelle en matière de journalisme. Plus la publication est fréquente, plus on se rapproche du format journal.

M. Grandremy. — Cela tient surtout à l'imprimeur.

M. Jéchoux. — La brochure in-12 ou in-18 dont la couverture en couleur représente une vue du village me paraît une bonne forme à adopter.

M. Faix. — A mon avis, le Bulletin paroissial devra plutôt affecter la forme d'une revue que celle d'un journal. Le journal, une fois lu, est mis de côté pour servir à toutes sortes d'usages. La revue est conservée. Le Bulletin aura donc quatre ou huit pages (c'est assez) de format in-8° ou in-12 ; il paraîtra tous les mois ou tous les deux mois. La périocité hebdomadaire ou bi-mensuelle ne peut convenir qu'au format journal ; de plus, le travail de rédaction devient alors une charge bien lourde pour le curé, surtout s'il est seul à s'occuper de sa paroisse.

Le papier devra être assez bon pour que le Bulletin n'aie pas l'air chiffon qui repousse, mais un aspect propre, coquet, attrayant. Il devra être *imprimé*, et imprimé assez gros pour que tous puissent le lire. Tous ne savent pas lire couramment l'écriture, la lithographie, l'autographie. — Il devra être *mis sous bandé*, avec l'*adresse* de chaque famille de la paroisse. Les gens seront flattés et feront meilleur accueil au Bulletin.

M. Huriet. — J'ai adopté la forme journal parce qu'elle plaît mieux aux enfants.

M. Châtain. — La forme d'une petite revue est préférable.

M. Neveu. — Adopte une brochure, petit in-4°, papier moyen et caractères moyens.

M. Rude. — Il vaut mieux avoir la forme brochure in-8° avec le papier le plus économique. On peut ainsi en multiplier la diffusion avec le moins de frais possible.

M. Sifflet. — Petit in-12, couverture alerte, pas format Semaine religieuse.

M. P... — Il me semble que la forme de brochure in-8° convient bien. J'ai vu un journal fort mal fait. Je n'ai encore rien vu de mieux au point de vue de la forme matérielle que les divers Bulletins édités par l'abbé Brellaz. Typographie bien soignée, format et papier convenables. Si vous ne connaissez pas ces bulletins, ne manquez pas d'en demander quelques exemplaires.

M. Galliol. — L'in-8° journal-revue me semble le meilleur format. Les titres bien en relief ont leur importance à notre époque de réclame à outrance. Caractères variés de forme et de dimensions suivant les sujets traités.

M. Pichat. — Il faut consulter ses ressources : le format revue n'est pas mal.

M. Gasnier. — Une petite brochure imprimée ferait mieux

qu'un journal. Elle se rapproche davantage du livre; elle est plus facile à conserver qu'un journal.

M. Robin. — Petite revue in-8° ou in-12°. Pas trop d'artifices de typographie pour éviter de ressembler à un prospectus. Une couverture est une bonne chose.

M. Gerbault. — Le point important est de veiller au genre et à la grosseur des caractères. A la campagne, on lit difficilement même ce qui est imprimé.

M. Brellaz. — Nous avons un modèle dans *l'Echo d'Izieux*, comme rédaction et comme disposition typographique.

M. Soulange-Bodin. — C'est un chef-d'œuvre. L'impression est délicieuse.

M. Delahaye. — Un peu trop finement imprimé. — Dans les villes, le format journal est avantageux parce qu'on peut mettre en tête, comme dans *l'Echo* de Plaisance :

AVIS

L'ÉCHO
se vend chez tous les libraires du quartier
L'ÉCHO
se lit chez tous les coiffeurs du quartier
L'ÉCHO
s'intéresse à tout ce qui touche au bien du quartier
de Plaisance
L'ÉCHO
reçoit avec reconnaissance les communications
qu'on veut bien lui adresser

De plus, le journal est divisé en colonnes : c'est beaucoup plus facile pour la lecture. J'ai constaté cela à la campagne, les braves paysans, peu exercés à la lecture, vont difficilement au bout de la ligne si elle est trop longue. Le format journal est avantageux encore dans les villes quand il s'agit de se placer en face d'un autre journal.

M. Brellaz. — La remarque de M. Delahaye est très juste. Le paysan, quand il est peu lettré, ne lit pas avec plaisir une ligne trog longue. C'est la raison pour laquelle, dans les Bulletins publiés par mon œuvre, j'ai partagé la page en deux colonnes.

M Gonterot. — Nous avons reçu des Bulletins dont nous n'avons pu retrouver l'adresse. Il y en a au moins deux qui ne figureront pas sur la liste qui sera au compte-rendu parce qu'il nous a été impossible de découvrir le département et le bureau de poste de ces Bulletins, la bande de l'adresse ayant été égarée. Pour beaucoup d'autres, il a fallu faire des recherches impossibles à tous les curés désireux de se renseigner, pour retrouver leur véritable adresse.

Les Bulletins prennent souvent le titre du saint patron de leur église et ne mentionnent pas le nom de la commune. C'est suffisant pour les paroissiens, mais un bienfaiteur, un ami, un initi teur, etc., seront souvent embarrassés pour écrire au directeur de tel ou tel Bulletin. Il me semble donc qu'on pourrait utilement ajouter au bas de la première page ou dans un coin quelconque, selon la disposition établie, le nom de la commune, celui du bureau de poste et celui du département : c'est-à-dire l'adresse postale complète.

M. Gibier. — Toutes ces remarques sont excellentes et sont suffisantes pour terminer cette question. Nous avons à parler maintenant de :

LA PÉRIODICITÉ

(Tous les mois, quinze jours, huit jours).

M. Brellaz. — En soi, plus fréquente sera la périodicité du Bulletin paroissial, plus le bien se fera : on ne saurait trop multiplier les communications et les relations entre le prêtre et les paroissiens.

Toutefois, il sera bien difficile d'avoir un Bulletin hebdomadaire. Le temps et les ressources feront généralement défaut. Il faut s'en tenir au Bulletin bi-mensuel là où il est possible de l'établir, et au bulletin mensuel, de tous le plus facilement réalisable et suffisant, en général, aux besoins d'une paroisse.

M. Jéchoux. — Propose une périodicité mensuelle en hiver chez les cultivateurs.

M. Chatain. — Tous les mois.

M. Neveu. — Tous les mois pour le début, et, selon le succès, descendre à tous les huit jours.

M. Rude. — Tous les mois pour les campagnes.

M. Sifflet. — Tous les mois, autrement ça tire.

M. Bruneau. — Tous les mois.

M. P... — Tous les mois au moins, tous les huit jours au plus, me semble une bonne règle, à ma manière de concevoir le Bulletin.

M. Galliot. — Tous les huit jours, ce serait trop pour certaines paroisses comme les nôtres, dénuées de vie chrétienne ou à peu près. Cependant, si deux ou trois curés voisins voulaient s'unir pour avoir un Bulletin commun à leurs paroisses, ce ne serait pas impossible et le Bulletin pourrait être servi avec la *Croix du Dimanche* par dessus le marché. Mais rares encore sont les chers confrères décidés à entrer dans cette voie.

Tous les quinze jours ou tous les mois, si le curé est seul, n'est-ce pas assez? Si le Bulletin paraît plus souvent, il risque de tomber dans des redites, de n'avoir pas une rédaction assez soignée.

M. Pichat. — Tous les mois, c'est peut-être un peu rare; tous les huit jours, ce serait très bien. Tous les quinze jours, ce serait peut-être trop laborieux pour le clergé. Cependant?

M. Gasnier. — Pour la majorité des paroisses un bulletin mensuel peut suffire, autrement le prêtre passerait tout son temps à ne s'occuper que du Bulletin.

M. Robin. — Cela dépend des milieux.

M. Bouin. — La perfection serait d'avoir un Bulletin hebdomadaire ou bi-mensuel, adressé à toutes les familles de la paroisse. Mais nos ressources trop restreintes ne nous permettent pas d'essayer ce mode de propagande. Faute de mieux, contentons-nous du Bulletin mensuel, mais rendons-le intéressant.

M. Toussaint. —

CONDITIONS DE PUBLICITÉ

Dans la généralité des paroisses le Bulletin sera mensuel. Si dans quelques-unes, en raison de la pénurie des ressources ou des matières à traiter, il ne pourra paraître que tous les deux mois, par contre, dans les grandes paroisses, le Bulletin pourra être bi-mensuel et même hebdomadaire. Car, dans les villes, les pasteurs disposeront de ressources plus abondantes, et, pour la rédaction du Bulletin, ils trouveront un précieux concours dans leurs collaborateurs ecclésiastiques et dans les laïques instruits qui ont l'habitude de manier dextrement la plume.

M. Gibier. — Toutes ces communications sont très sages. Il faut évidemment choisir un système.

M. Delahaye. — Quand un curé commence la publication d'un Bulletin, il devrait être prudent sur la question de périodicité. Un prêtre avait publié un bulletin tous les 8 jours au début ; il le publie maintenant tous les trois mois. L'effet est désastreux. Il eut mieux valu commencer par où il a terminé.

M. Gibier. — N'ayons pas l'air de nous imposer de force à nos paroissiens ; laissons désirer le bulletin ; le résultat est meilleur. La publication mensuelle me paraît donc être conforme aux vues de tous.

M. Brellaz. — Un mot sur :

L'IMPRESSION DU BULLETIN

Si le Bulletin ne doit avoir que trois ou quatre pages, on peut l'autographier à l'aide de l'un des nombreux systèmes de reproduction, comme l'autocopiste Dubouloz ou Eyquem, etc. Toutefois, la vraie impression typographique aura toujours plus de prestige aux yeux de la population. Les paroissiens seront flattés d'avoir une publication paroissiale imprimée comme les grands journaux de Paris ou de la province.

On peut, avec quelques centaines de francs, acheter une petite presse d'occasion ou même une presse neuve. Mais si ces petites presses sont utiles pour imprimer les écrits de peu d'importance, comme lettres d'avis, invitations, circulaires, feuilles de cantiques, formules d'actes, programmes, bons points, etc., elles sont beaucoup moins pratiques lorsqu'il s'agit d'exécuter un bulletin de 8 ou 16 pages. Il faut alors des auxiliaires. Si la composition typographique n'est pas difficile à

apprendre, elle demande *beaucoup* de temps à des mains inexpérimentées. Il est préférable, pour un bulletin d'un certain tirage, de recourir aux imprimeurs. Aujourd'hui, grâce aux facilités de travail et à la concurrence, l'impression n'est pas chère.

De plus, par l'*Union des Bulletins paroissiaux collectifs*, dont je parlerai plus tard, on diminue, dans une grande proportion, les frais d'impression. Il y a donc peu de paroisses qui ne puissent aujourd'hui posséder leur Bulletin et profiter des grands avantages que fournit ce nouveau moyen d'apostolat.

M. Grandremy. — N'ayez jamais recours à l'impression par vous-même ; si vous saviez le grand nombre de plaintes et de regrets qui sont exprimés par des curés à ce sujet !

M. Poirier. — J'avoue que j'ai dû renoncer aux essais tentés.

M. Gonterot. — Un adhérent au Congrès nous écrivait hier en nous suppliant d'attirer l'attention des congressistes sur les déboires de l'imprimerie au presbytère. En général, tous ceux qui ont essayé d'imprimer eux-mêmes une publication périodique ont été découragés ou cherchent a y renoncer. J'aurais même des offres de service à vous faire de la part de plusieurs curés qui veulent à tout prix se défaire de leur matériel d'imprimerie.

Plusieurs voix. — Non, non, merci.

M. Brellaz. — Quant à la

DISTRIBUTION DU BULLETIN

elle varie selon les lieux et les ressources. Ordinairement elle se fait avec le concours de personnes de bonne volonté : enfants de chœur, ou de l'école, jeunes gens, jeunes filles, etc., qui se chargent de porter le Bulletin dans chaque famille de leur village ou de leur hameau. Cette distribution peut aussi se faire le dimanche après la messe. Les paquets de bulletins étant préparés à l'avance, on en a bien vite remis à chacun des représentants des diverses familles.

La distribution et le colportage accidentels sont entièrement libres ; si on craint quelque difficulté, il n'y a qu'à se procurer l'autorisation du maire, qui ne peut la refuser.

M. Jéchoux. — Les enfants du catéchisme, divisés par quartiers, sont chargés de distribuer le Bulletin.

M. Faix. — Pour la distribution, voici la méthode que j'emploie et qui ne coûte presque rien. Pendant la saison des catéchismes, je distribue les Bulletins, sous bande avec adresses, aux enfants du catéchisme, chacun leur petit paquet pour leur famille et leurs voisins. Une heure après, les Bulletins sont tous à destination. — Quand les catéchismes sont terminés, les enfants de chœur et les autres garçons présents à la messe du dimanche me rendent le même service. Les enfants sont généralement enchantés et persuadés de leur importance de petits facteurs. Bien rarement, je suis obligé de recourir à la poste (coût : un centime par exemplaire) ; cela arrive quand la pluie, le mauvais temps, par exemple, ont empêché les enfants d'un village éloigné de venir au catéchisme ou à la messe. Voilà donc une méthode de distribution très pratique, à mon avis, et peu coûteuse.

M. Chatain. — Par les enfants des écoles.

M. Neveu. — Par les enfants des écoles.

M. Rude. — Par les enfants du catéchisme dans les paroisses rurales.

M. Gardin. — Le Bulletin est distribué gratuitement dans toutes les paroisses du doyenné. Les uns le font porter à domicile, les autres le distribuent pendant les offices, d'autres à la fin de la messe, à la porte de l'église. Ce dernier mode a l'avantage de ne le donner qu'aux personnes désireuses de le posséder. Est-ce un avantage ? car il y a l'inconvénient de ne pas pénétrer partout.

M. Sifflet. — Par les enfants des catéchismes.

M. Bruneau. — Enfants de chœur et du catéchisme distribuent le Bulletin *per domos* dans chaque village. Une petite récompense stimule leur zèle.

M. P... — Je ne connais d'autre mode de distribution à la campagne que par les enfants du catéchisme et de l'école, qui sont très contents de remplir cette mission. Je me demande comment je vais faire pendant les vacances.

M. Galliot. — En général, pour deux raisons, je ne sers le Bulletin qu'aux abonnés, à 1 fr. par an ; j'en ai 50 au pays et autant en dehors, à 1 fr. 50. J'en donne aussi aux enfants qui ont mérité quelque récompense. J'estime que les paroissiens le liront davantage s'ils le paient. De plus, l'argent étant le nerf de la guerre, cela m'aide un peu à solder les 260 fr. que me coûte annuellement le Bulletin tout entier rempli par moi. Si j'étais aussi à l'aise que je suis pauvre, j'imiterais les chers confrères qui font distribuer gratuitement le Bulletin dans toutes les familles.

M. Pichat. — En ville, par les enfants des écoles cléricales ou des Frères, ou bien par trois ou quatre petits garçons spécialement affectés à cela, avec une casquette *ad hoc* et une petite rémunération. En campagne, utiliser les servants de messe et quelques vieilles filles.

M. Gasnier. — Dans bien des paroisses, les enfants de chœur le distribuent à domicile ; c'est peu coûteux, cela demande peu de travail au curé, s'il y a des oublis, cela ne retombe pas sur le curé.

M. le curé de Stains. — J'envoie à mes paroissiens une circulaire de 4 pages autographiées quand j'ai quelque chose de spécial à leur dire. Il n'y a qu'une marchande de journaux dans le pays. A peu près tous les habitants achètent un journal. Je demande à la marchande combien il lui faut de circulaires, elle les intercale dans tous les journaux, bons ou mauvais, et ainsi, en vendant ses journaux, elle distribue ma circulaire à tout le pays.

M. Robin. — Cela dépend des circonstances.

M. Toussaint. — Comment faire la distribution du Bulletin ? L'expédier par la poste serait onéreux. La distribution à la porte de l'église aux personnes qui ont assisté aux offices serait s'exposer à faire des doubles emplois, en donnant un exemplaire à plusieurs membres d'une même famille.

Le Bulletin n'irait pas là où il doit aller, il n'irait surtout pas chez ceux qui ne viennent pas à l'église, et notre but principal serait manqué. Le plus simple est de le faire distribuer à domicile par quelque personne de bonne volonté ou bien encore par les enfants du catéchisme, en ayant bien soin d'écrire sur chaque exemplaire le nom de celui qui doit le recevoir, afin que chaque paroissien sache bien que son pasteur a pensé à lui.

M. Grandremy. — Il serait utile de faire une déclaration de colportage au maire ; c'est facile et cela ne coûte rien.

M. Brellaz. — C'est plus prudent, car on peut avoir à faire à un maire grincheux.

M. Verdun. — La distribution dans les villes n'est pas sans difficultés, surtout dans les grandes villes.

M. Gonterot. — A Plaisance, nous avons essayé tous les systèmes : enfants, hommes, payés ou de bonne volonté ; il a fallu recourir au moyen de la poste, parce que le nombre à distribuer est trop grand et le territoire à parcourir peu commode. Nous avons un vendeur qui crie le journal dans la rue, à la porte de l'église, toute la journée du dimanche où paraît le journal ; on le met en vente aussi chez tous les libraires et marchands de journaux du quartier.

M. Gibier. — A St-Paterne, nous avons assez de zélateurs et de zélatrices par quartier pour faire distribuer le Bulletin partout sans frais. Il est vrai que cela n'a lieu qu'une fois par an.

M. Delahaye. — Voici le moyen qui me réussit et sans aucune dépense. Chaque mois, deux personnes dévouées font les adresses, mettent le Bulletin sous bande, puis font des paquets par quartiers. Le 1er jeudi du mois a lieu la messe des catéchismes ; après cette messe, les paquets sont distribués, les enfants se font un point d'honneur de remettre aussitôt les Bulletins aux adresses indiquées.

M. Gerbault. — J'emploie le même système.

M. Gibier. — Les enfants des villes ne sont pas tous à comparer avec ceux des campagnes.

M. Soulange - Bodin. — J'ai voulu essayer la distribution par les enfants, j'ai dû y renoncer, car j'ai vu des gamins jeter des paquets d'imprimés dans les bouches d'égoûts.

M. Gerbault. — J'ai pourtant dans ma paroisse des enfants et des égouts, et mes bulletins ne vont pas à l'égout.

M. Soulange-Bodin. — Vos enfants sont des saints.

M. Gibier. — Non, dans les grandes villes, on ne peut réussir qu'avec de grandes personnes.

M. Soulange-Bodin. — Messieurs, il est près de six heures. Nous avons bien travaillé aujourd'hui, si nous allons prier N.-D. du Travail et recevoir la bénédiction de Dieu, pour bien terminer cette journée.

La séance est terminée par la prière.

Les Congressistes se rendent à la crypte de la future église pour assister au Salut du Saint Sacrement.

TROISIÈME SÉANCE

SUITE DE LA DEUXIÈME PARTIE

(*Résultats obtenus*)

La séance est ouverte par la prière, à 9 heures du matin

M. Gibier. — Le sujet de ce congrès étant un peu spécial, nous ne sommes pas étonnés de voir les congressites peu nombreux. Cette idée du Bulletin n'intéresse malheureusement pas encore un grand nombre de nos confrères, mais cela viendra grâce à l'excellent travail auquel vous, les champions de cette idée, vous vous livrez ici. D'ailleurs, pour faire besogne utile, il est bon de ne réunir que des travailleurs sérieux et de rester ainsi dans la détermination fixée par M. le curé de Plaisance : *Congrès intime.*

Nous abordons la question des résultats parce que nous verrons la 5e question : Bulletin idéal, à la 3e partie en parlant des Bulletins collectifs.

Quels sont les résultats obtenus par le Bulletin paroissial ?

M. Brellaz. — L'œuvre que j'ai fondée est de création trop récente pour qu'elle ait pu produire des résultats appréciables au point de vue religieux. Ce que j'ai pu apprendre de mes adhérents, c'est que le Bulletin est, sinon très apprécié, du moins reçu avec plaisir par toutes les familles de leur paroisse.

Quand une famille a été oubliée dans la distribution, elle réclame aussitôt contre cet oubli et fait une démarche au presbytère. — Une autre remarque faite, c'est que les articles traitant de choses matérielles, agriculture, hygiène, économie domestique, sont lus, hélas ! avec plus d'intérêt que les autres. Ils sont absolument nécessaires pour faire accepter les articles religieux et pour les autres motifs que nous avons dits.

Une troisième observation m'a été faite par presque tous les adhérents : les articles religieux ne doivent pas affecter la forme d'un prône ou d'un sermon, mais toujours celle d'une causerie familière, d'un dialogue, avec anecdotes ou traits d'esprit, saillies originales qui donnent du relief à leur rédaction. Ils ne doivent pas être trop longs, ne jamais dépasser une page et demie de 40 à 50 lignes.

Il y a peut-être des résultats négatifs qu'on pourrait qualifier de *mauvais* — mais qui, en réalité, ne le sont pas, — pour le curé directeur d'un Bulletin. C'est, en premier lieu, une large saignée faite à sa bourse ordinairement déjà si anémiée ; mais le proverbe ne dit-il pas que *plaie d'argent n'est pas mortelle ?*

Un second résultat, c'est d'être blâmé par les confrères voisins qui sont membres de la confrérie des *Bras croisés*. L'axiome de cette confrérie, plus vrai pour ses partisans qu'une parole d'évangile, est cette maxime qui souvent sert de voile à la paresse : *Il n'y a rien à faire !* Aux yeux des susdits confrères, le créateur d'un Bulletin paroissial, veut se singulariser, se faire remarquer parmi ses collègues, introduire des méthodes nouvelles, faire — proh pudor ! — de l'américanisme condamné par le Pape, etc. Le Bulletin ne fera aucun bien, ne convertira personne, etc., etc. Ce sont des critiques que j'ai entendues ou qui m'ont été rapportées.

La réponse est facile. Le prêtre, en cherchant par tous les moyens à atteindre ses paroissiens et à leur

faire du bien n'accomplit que son devoir, par conséquent, il ne cherche pas à se singulariser, puisque tous
ses confrères devraient, comme lui, chercher à remplir
le mieux possible leur devoir de pasteur. Que le Bulletin ne convertisse pas immédiatement les incrédules,
les indifférents, soit. Mais la prédication de la chaire,
elle non plus, ne convertit pas immédiatement tous
ceux qui ont besoin de conversion. Faut-il, pour cela,
cesser de prêcher? Notre Seigneur lui-même n'a pas
converti tous ses auditeurs. Pourquoi voudrions-nous
avoir plus de succès que notre divin Maître? Dieu ne
commande pas de réussir, mais de travailler et de faire
notre devoir.

Introduire des méthodes nouvelles d'apostolat? —
Si elles sont bonnes, meilleures que d'autres demeu-
rées sans résultats, pourquoi pas? — Que dirait-on
d'un médecin qui refuserait systématiquement de se
servir des découvertes nouvelles et qui voudrait prati-
quer son art comme au temps d'Hippocrate ou de
Galien? Le Bulletin ne cherche à se substituer à aucun
des moyens traditionnels d'apostolat et d'enseignement,
mais seulement à les suppléer dans la mesure où le
malheur des temps les a rendus insuffisants.

Ces critiques sont donc sans importance; elles ne
doivent pas faire hésiter un instant un prêtre sérieux
et intelligent.

M. Jéchoux. — Les résultats obtenus : Dieu le sait.

M. Neveu. — Union du curé avec les paroissiens, intérêt pour l'église, lumière dans les esprits, administration falicitée.

M. Rude. — Résultats peu appréciables encore ; on le lit, c'est déjà quelque chose.

M. Bruneau. — Il n'appartient pas au semeur de faire produire le grain ; il doit se contenter de le semer et de prier.

M. Galliot. — Après une année, il m'est difficile d'apprécier le résultat obtenu dans ma paroisse ou ailleurs. Tout ce que je puis dire, c'est que cela fait un peu parler mes paroissiens, pas beaucoup, et surtout, je ne les vois guère changer d'allure au point de vue religieux. Après avoir travaillé, je me dis : *servus inutilis es.* Il est vrai que je suis dans un milieu de gens peu intelligents naturellement, grossiers, attachés à l'argent et aux petits plaisirs.

M. Pichat. — On constate une plus grande union entre le clergé et les paroissiens, la popularité du curé.

M. Gasnier. — On lit le bulletin presque partout où on a essayé : c'est déjà beaucoup. On le conserve, on le réclame. D'ailleurs ce n'est pas en quelques mois qu'on peut juger des résultats.

M. Gibier. — Il s'agit des résultats obtenus. M. l'abbé Delahaye, voudriez-vous nous communiquer vos impressions à ce sujet.

M. Delahaye. — Très volontiers. Mon bulletin existe depuis 18 mois environ. Outre les résultats déjà

signalés pour les baptêmes et les malades, j'ai pu faire
cesser des abus et des objections qu'on ne formule plus.
Entre autres cas intéressants à constater, il y a le suivant. Aux messes de mariage. mes paroissiens avaient
l'habitude de jeter des sous à terre : si la mariée se
retournait, elle serait avare, intéressée, dans l'avenir.
Cette pratique m'ennuyait beaucoup. J'eus l'idée de la
ridiculiser un peu dans le bulletin et de montrer toute
l'inconvenance commise à l'égard de Dieu et du Saint-
Sacrifice. Depuis lors, on n'a pas recommencé.

M. Gibier. — Tout ceci est bon à noter. Le Bulletin
paroissial fera prendre de bonnes habitudes. Mon
Bulletin n'est qu'annuel, mais dès la première année
il a fait beaucoup de bien, surtout au point de vue des
informations paroissiales. J'ai 1500 employés de chemin
de fer qui ne peuvent, en raison de leur métier, aller
à la messe le dimanche. Depuis que je leur envoie le
Bulletin, ils viennent aux offices du soir, aux saluts.
Pourquoi ? parce que le Bulletin contient l'horaire de
tous les offices de l'année. Il a eu aussi pour résultat de
donner à la religion droit de cité dans des ateliers et
des milieux d'où elle avait été totalement bannie. Il a
mis un peu de bienveillance chez l'ouvrier à l'égard du
prêtre et de la religion. Comme le disait M. le curé de
Malesherbes en constatant un changement d'attitude

chez ses paroissiens à son égard, le Bulletin est un point de contact : par là viendra le salut.

On peut donc résumer les résultats en deux points :

1° Le Bulletin a renseigné l'ouvrier sur la religion, il a fait disparaître ses préjugés ;

2° Il a amené de la bienveillance envers le prêtre et la religion. Naturellement, il ne convertira pas *illico* tous les incrédules ; il ne faut pas espérer cela. Mais il prépare les voies : c'est déjà beaucoup.

M. Grandremy. — Je connais le plus vieux Bulletin paroissial de France, celui du Val d'Or. Un des curés de ce groupe me disait, il y a peu de temps, ceci : « Je constate un bien considérable. Ma paroisse est au centre de la Champagne. On y a donné une mission dont on désespérait d'avance. Grâce au Bulletin, tous les hommes sont venus. La moitié ont fait leurs Pâques. J'ai pu ensuite établir une école libre et des œuvres assez prospères. Ma paroisse est maintenant bien meilleure.

M. Gibier. — Ah ! la bonne heure ! voilà des faits.

M. Grandremy. — J'édite en ce moment 22 bulletins tous prospères ; s'il n'y avait pas des résultats tangibles, les curés auraient déjà cessé leurs sacrifices.

M. Brellaz. — Je puis faire la même constatation encourageante pour les 35 bulletins que j'édite à Niort.

M. Gonterot. — A Plaisance, nous avons débuté par 500 exemplaires. Nous tirons maintenant à plus de 3000. Le bien constaté explique les sacrifices consentis par cette œuvre.

M. Gibier. — Du reste, les curés se sont rendus à cette innovation parce qu'ils en ont constaté ailleurs les bons résultats.

M. Grandremy. — 250 à 300 prêtres m'expriment en ce moment le désir de créer un Bulletin dans leur paroisse ; le manque absolu de ressources les arrête.

M. Poirier. — Y a-t-il des curés qui aient dû renoncer au Bulletin par suite du refus des paroissiens ?

M. Brellaz. — Un seul cas de refus est arrivé à ma connaissance : un conseiller municipal sectaire a refusé le Bulletin. Ce n'était pas suffisant pour arrêter le zèle du curé.

M. Poirier. — Mais doit-on le distribuer absolument à tous les paroissiens ?

M. Bréllaz. — Oui, cela résulte du but proposé : atteindre les personnes que n'atteint pas la prédication.

M. Gibier. — Pour cela chacun doit être libre, c'est une question de tact.

M. Grandremy. — Pas de sélection, il faut sauver tout le monde. Dans ma paroisse, il y a des juifs et des protestants, ils reçoivent le Bulletin comme les catholiques. D'ailleurs le Bulletin doit s'adresser à ceux qui en ont le plus besoin.

M. Brellaz. — Si la paroisse compte un certain nombre de protestants, il est facile d'insérer une note dans ce genre : les personnes désireuses de recevoir le Bulletin n'ont qu'à s'adresser à M. le curé.

M. Gibier. — D'accord.

M. Blanc. — Ma paroisse compte en nombre égal autant de protestants que de catholiques. Je n'envoie pas mon Bulletin aux protestants. Quant aux résultats, je constate une augmentation dans les communions d'hommes : j'ai bien 30 hommes de plus cette année. Il y a un notaire qui est marié avec une protestante. Je suis en bons termes avec lui. Depuis qu'il reçoit le Bulletin, il vient quelquefois à l'Eglise. S'il m'arrive d'oublier quelqu'un, je reçois aussitôt une réclamation et des reproches.

M. Delahaye. — Faut-il mettre dans les résultats cette remarque ? Ceux qui reçoivent le Bulletin rendent jaloux ceux qui ne le reçoivent pas et ceux-ci le leur empruntent soit par curiosité, soit pour se renseigner.

M. Gibier. — Très bien, tout ceci va stimuler les curés.

M. Verdun. — Il y a un emploi du Bulletin dont

on n'a pas parlé. Beaucoup de jeunes gens et de jeunes filles quittent leur pays pour aller en ville. Ne pourrait-on pas leur envoyer le Bulletin : on conserverait ainsi des relations avec eux et on pourrait souvent les sauver d'un naufrage.

Plusieurs voix. — On le fait.

M. Verdun. — Bravo !

M. Fraënzel. — J'ai un Bulletin qui n'est que l'organe d'un patronage ; il a cependant rendu notre œuvre très prospère, très populaire, et cela dans une mauvaise paroisse (Saint-Gervais). Il est devenu un organe quasi-paroissial, et ce qui n'est pas à dédaigner, il nous amène pas mal de ressources et de bienfaiteurs.

M. Grandremy. — Les Bulletins paroissiaux ont donné en effet naissance à nombre de Bulletins d'œuvres, de patronages. C'est un bon mouvement.

M. Delahaye. — Je signale dans mon Bulletin les noms des donateurs et le montant des dons faits à l'Eglise pour stimuler le zèle de mes paroissiens.

M. Brellaz. — Il y a aussi les Bulletins de patronages qui peuvent rendre de grands services. Celui du patronage de Toul et d'autres sont de véritables organes paroissiaux.

M. Chaptal. — Nos paroisses sont peuplées de gens émigrés qui se perdent. Ne pourrait-on pas les

sauver par un service de Bulletins interparoissiaux ?
Les nouvelles de leur pays leurs feraient beaucoup de
bien.

M, Gibier. — Leur envoyer le Bulletin du pays
serait excellent pour ne pas les perdre de vue. Il faudrait aussi les signaler au curé de leur nouvelle paroisse : nous en sauverions un grand nombre par ce
moyen.

*Quels sont maintenant les obstacles contre le
Bulletin ?*

M. Delahaye. — A la dernière retraite ecclésiastique, on m'a objecté qu'on ne pouvait pas continuer
ce travail du Bulletin paroissial. Or, ce sont ceux qui
n'ont pas essayé qui posent l'objection. Donc...

M. Brellaz. — Les principales difficultés et objections que rencontre la création d'un Bulletin paroissial
sont les suivantes :

1° *La rédaction*. — « Je n'ai pas ce qu'il faut de talent
pour rédiger une feuille de ce genre. — Voici la
réponse d'un curé, rédacteur d'un Bulletin paroissial :
« Plusieurs hésitent à entrer dans cette voie par suite
d'un excès de modestie ; ils s'imaginent n'avoir pas
assez de talent, de facilité, pour s'astreindre à écrire
périodiquemont quelque chronique d'intérêt général,
quelque causerie religieuse. C'est une pure illusion.

Essayez seulement et vous serez étonnés du peu de temps qu'il vous faudra pour vous plier à ce genre de travail. Les écrivains impies n'ont pas de ces scrupules, et si les grands journaux sont rédigés généralement par des hommes de talent, on trouve, dans les petites villes, des feuilles maçonniques qui sont des chefs-d'œuvre d'ignorance et de stupidité. Les ecclésiastiques les moins familiers avec les lettres humaines seraient toujours au-dessus des ineptes mais dangereux folliculaires qui les rédigent. »

Du reste, est-il si difficile de recruter autour de soi quelque collaborateur obligeant à qui on puisse confier des notes pour les rédiger ? Enfin, fallût-il faire des efforts nouveaux et mettre en œuvre des ressources que l'on ne se connaissait pas, serait-ce trop pour le bien des âmes ?

2° *Le temps.* — « Je n'ai pas le temps. » — Est-ce bien sérieux ? N'a-t-on pas le temps d'écrire une lettre à ses paroissiens une fois par mois? La chronique demandée n'est que la mise à jour et en ordre de ce qui existe et fonctionne. Il n'y a rien de nouveau à créer de ce côté. L'indicateur paroissial est également élaboré d'avance; il n'y a qu'à prévoir et à fixer. Seul l'article des annales paroissiales exige une composition ou rédaction proprement dite. Mais un curé est-il autorisé à dire qu'il n'a pas le temps d'étudier l'histoire de sa paroisse, de se rendre compte de la valeur de son mobilier d'église, et autres choses de ce genre ? Ne peut-il pas du moins, sur ce point-là, profiter des travaux existants ou d'obligeantes collaborations, ainsi que nous l'avons dit ?

Quant à la partie d'enseignement, ne doit-on pas prendre le temps de rédiger ses sermons ou de les résumer, etc.? Cette objection du manque de temps ne doit donc pas arrêter, car il faut toujours prendre le temps de faire son devoir, et c'est le devoir du pasteur d'enseigner ses ouailles le mieux possible. Est-on bien sérieux quand on vient nous dire qu'on n'a pas le temps d'écrire chaque mois quelques conseils à ses paroissiens ?...

3° *L'exiguïté de la paroisse.* — « Ma paroisse est trop petite. » — C'est peut-être vrai. Il est certain que le Bulletin paroissial est surtout fait pour les paroisses populeuses et étendues où il est difficile d'atteindre les individus, mais il est loin d'être inutile dans les paroisses plus petites. Ici comme ailleurs, beaucoup de paroissiens ne vont pas à l'église ; il faut les instruire et les attirer au moyen du Bulletin paroissial.

4° *Question des ressources.* — « Je n'ai pas d'argent. Comment faire face aux frais de publication d'un Bul-

letin. » — C'est là une objection vraiment sérieuse et
la seule qui puisse faire hésiter. Heureusement elle
n'est pas insurmontable.

En principe, la distribution du Bulletin doit être
gratuite et faite à chaque famille de la paroisse. « C'est
bien assez, dit un curé, que les gens nous permettent
de leur dire ainsi à l'oreille un nombre de vérités —
désagréables au vieil homme — sans que nous leur
fassions encore payer l'ennui de les entendre. Ce petit
cadeau, joint à l'intérêt propre de la chronique paroissiale, fera accepter plus aisément les leçons un peu
sévères contenues dans le reste du bulletin. »

Toutefois, s'il est nécessaire de distribuer *gratuitement* à ceux qui ne peuvent payer, on peut établir un
abonnement facultatif pour les personnes aisées qui,
comprenant les charges pécuniaires imposées au curé
par la publication et la distribution gratuite du Bulletin,
se feront un devoir de les compenser en partie par une
modeste rétribution.

Si ces rétributions ne suffisent pas, quelques aumô-
nes compléteront. Pour une publication de ce genre
— qui n'a d'autre but que l'évangélisation des paroisses
indifférentes — beaucoup d'âmes pieuses et généreuses,
donneront volontiers, quand on leur aura fait comprendre l'importance de l'œuvre poursuivie par le
Bulletin paroissial.

On peut aussi obtenir des abonnements au Bulletin paroissial, de 3, 4, 5, 10 fr. par an, de la part de personnes étrangères à la paroisse avec lesquelles on est en relations.

On donne beaucoup, et avec raison, pour la Propagation de la Foi dans les pays étrangers, n'est-il pas aussi important, sinon plus important de donner pour la propagation de la Foi dans notre pays ? C'est le but du Bulletin paroissial.

Dans les paroisses où existe le tronc de saint Antoine, à côté du tronc pour le pain matériel, on place avec avantage un tronc pour le pain spirituel et les œuvres paroissiales parmi lesquelles le Bulletin entre en première ligne.

Les diverses œuvres paroissiales, confréries, associations, etc., ont parfois une caisse. Ne pourraient-elles pas prélever sur cette caisse une certaine somme pour le Bulletin paroissial qui sera leur organe, fera le récit de leurs réunions, de leurs fêtes, etc., et qui, par sa publicité, aidera à leur propagande et leur rendra de grands services ?

Enfin, on peut espérer obtenir quelques subventions des grandes associations qui ont pour but d'aider à l'Evangélisation de la France, Œuvre des Campagnes, Association de saint François de Sales, etc. Ces excellentes œuvres — dont MM. les curés ne sauraient trop favoriser l'établissement et la diffusion dans leur paroisse — donnent chaque année de grosses sommes pour les prédications, les missions, les retraites dans les paroisses, pour les bibliothèques, les bons livres, les lectures religieuses, etc.; elles voudront bien aussi accorder aux curés des paroisses pauvres une subvention pour le *Bulletin paroissial* qui est, selon l'expression du Souverain Pontife, plus encore que le bon journal, « une mission perpétuelle dans la paroisse. »

M. Jéchoux. — Si on cherche les obstacles, on en trouvera toujours. Il y a la question des dépenses, le manque d'habitude pour la rédaction, parfois la critique malveillante des confrères, hélas !

M. Faix. — Les obstacles à la création d'un bulletin paroissial ou à sa réussite peuvent se résumer dans les suivants : *manque de ressources, défaut de matières pour la rédaction, manque de tact chez le curé.*

a) *Manque de ressources.* — Si le Bulletin est bien composé, le curé trouvera facilement un certain nombre d'abonnés parmi ses amis, — ses parents, — les personnes qui ont quitté la paroisse, et qui s'y intéressent toujours; — il trouvera également dans sa paroisse bon nombre de personnes qui ne refuseront pas de lui venir en aide, si le Bulletin leur plaît. — J'ai indiqué déjà les autres ressources : fabrique, confréries, œuvres d'apostolat. — Si les ressources ne

sont pas abondantes, que l'on fasse paraître le Bulletin moins
souvent, tous les deux ou trois mois, au lieu de tous les
mois. Que le curé compte aussi sur sa propre bourse ; On
n'a rien sans sacrifices ! — On ne compte pas assez aussi
sur la générosité de nos paroissiens. — Mon Bulletin mensuel me coute très cher ; cependant je reçois amplement de
quoi couvrir les frais, parce que les paroissiens sont heureux
d'avoir un petit bulletin qui leur parle d'eux et de leur pays.

b) *Manque de matériaux*. — En prenant les questions
indiquées plus haut, le manque de matériaux n'est pas à
craindre ; ce qui est à craindre, c'est plutôt leur multiplicité.
— Il faut, il est vrai, un peu de courage, de persévérance,
de travail, de recherches, pour faire sortir le passé de la
poussière des parchemins où il est enfoui : mais ne sommes-
nous pas prêtres pour travailler ? —

c) *Manque de tact*. — Le bulletin n'intéressera pas si le
style en est trop relevé pour que les gens puissent le comprendre ; — si les sujets traités en sont abstraits, trop théo-
riques. — Le bulletin sera rejeté, s'il n'y règne pas du premier mot au dernier, la plus excessive charité vis-à-vis de
tous ; — si le curé prend quelques-uns de ses paroissiens à
partie, — s'il a des mots mordants ou dédaigneux. — La
charité, — encore la charité, — toujours la charité !

Le prêtre peut avoir à faire, dans le Bulletin, des reproches à la grande majorité des paroissiens... le Bulletin sera
rejeté, si le prêtre ne sait pas avoir le tact de faire ces reproches sans blesser. Il faut parler, dans le Bulletin, comme

l'on doit parler en chaire, — assez délicatement pour que les fidèles arrivent à dire sans se froisser: notre curé a raison.

Tels sont les seuls obstacles à la création et à la réussite du Bulletin paroissial.

Je ne veux pas y ajouter cet autre obstacle, qui est peut-être le plus grand, le manque de courage, la peur de se singulariser, la crainte de sortir de la routine.

M. Châtain. — Dépenses trop élevées.

M. Neveu. — L'impression confiée aux imprimeurs coûte cher, elle est parfois irrégulière, il y a de la mauvaise volonté. La rédaction exige du temps, du talent, du jugement, de la persévérance, l'union entre les rédacteurs, car il en faut toujours plusieurs.

M. Rude. — Difficultés financières ; inconvénient d'avoir des matières pour 16 pages à la campagne : pour une ville c'est différent.

M. Sifflet. — Dangers des personnalités, de se répéter, etc.

M. P... — Le démon m'en a suscité de très graves et de très dispendieux dès l'origine. Je les surmonte peu à peu, et mon œuvre continue. Il faut s'attendre à l'épreuve dans toutes les bonnes œuvres, et il faut s'en réjouir. — Résultats mauvais : inconnus.

M. Galliot. — Le grand obstacle : défaut d'argent. C'est la ruine pour un curé qui n'a pas de supplément de traitement, pas de casuel. Pour beaucoup de curés chez nous, c'est impossible, à moins de sacrifices personnels qu'on ne peut demander à tous les prêtres.

M. Pichat. — Je ne vois pas d'obstacles. Peut-être n'atteint-il pas toujours les indifférents.

M. Gasnier. — La crainte de ne trouver rien à dire, la crainte de se singulariser, la crainte de la dépense. Cependant combien de prêtres trouvent 200. 300 fr. et plus chaque année, pour s'offrir un pèlerinage, ou un petit voyage.

M. Poirier. — Quand on veut attribuer au Bulletin paroissial quelques fonds prélevés sur le tronc de saint Antoine, il faut prévenir les paroissiens, car ils ont donné pour le pain matériel.

M. Gibier. — Le pain de saint Antoine peut être spirituel et matériel, il est donc inutile de prévenir les paroissiens.

M. Poirier. — Oh ! pardon, le grand nombre des paroissiens ne fait pas cette distinction. Il est préférable alors de mettre deux troncs : un pour le pain matériel, un pour le pain spirituel.

M. Brellaz. — Je viens de le dire dans mon rapport.

M. Gibier. — Mais vous ne récolterez rien, l'expérience le prouve. Mettez dans votre église deux troncs voisins, l'un pour le Saint Sacrement, l'autre pour saint Antoine de Padoue, dans le premier vous aurez 0 f. 50 centimes tandis que le second vous donnera 200 francs.

M. Poirier. — Mais alors ne pourrait-on pas obtenir dans certaines paroisses une subvention de la fabrique au titre de prédications.

M. Grandremy. — Oui, car le Bulletin paroissial est une prédication. On pourrait augmenter le budget des prédications de 100 fr. par exemple.

M. Delahaye. — Mon conseil de fabrique m'a voté une allocation curiale de 100 fr. Elle me sert au Bulletin. Ainsi instituée cette allocation peut servir pour mes successeurs.

M. Gibier. — Beaucoup d'évêques consentiraient à donner une petite subvention prise sur la Caisse des Œuvres.

M. Brellaz. — Il ne faut pas négliger de leur envoyer le Bulletin ; ils accordent généralement une petite rétribution.

M. Delahaye. — J'avoue que mon Bulletin au lieu de m'occasionner des dépenses, me rapporte de 200 à 300 fr., que j'emploie en œuvres.

R. P. Lafforgue. — Etablira-t-on en principe la gratuité du Bulletin ? La presse est toujours payante. N'est-ce pas discréditer le Bulletin que de le donner pour rien ?

M. Grandremy. — Le Bulletin est une prédication. Faites vous payer la prédication ? Non. Donc vous ne pouvez établir le principe de l'abonnement, sinon les familles pauvres et les adversaires ne recevront jamais votre Bulletin.

M. Brellaz. — Il est très important de le distribuer à tous.

M. Delahaye. — La gratuité est pour mes paroissiens un des principaux attraits.

M. Soulange-Bodin. — Gratuité et abonnement varient dans leur application selon les milieux.

M. Schaefer. — Etablissez un abonnement minime ; le paiera qui pourra.

M. Brellaz. — A Saint-Fons, M. le Curé a établi l'abonnement à 0 fr. 50. En quelques semaines, il a obtenu plus de 200 abonnements.

M. Delahaye. — S'il n'avait pas fixé de prix, il aurait recueilli davantage.

M. Jéchoux. — Je suis partisan de la gratuité du Bulletin avec abonnements facultatifs.

M. Faix. — Il ne fera du bien qu'à condition qu'il pénètre partout, et il ne pénètrera partout, surtout chez les indfférents et les irréligieux qu'à condition qu'il soit *gratuit en principe.* Seuls, doivent être obligés de payer l'abonnement les personnes étrangères à la paroisse. Le curé ne peut compter, comme ressources, que sur ces quelques abonnements, toujours en petit nombre, sur les dons volontaires des personnes généreuses de la paroisse qui comprendront l'œuvre (c'est là la principale ressource), sur ce qu'il pourra obtenir de la fabrique ou des confréries, ou encore des œuvres d'apostolat. Ces

œuvres, ces confréries, ces fabriques donnent bien pour pro·
curer un prédicateur, pourquoi pas pour ce Bulletin, qui,
parfois, fera plus de bien qu'un prédicateur.

M. Apcher. — Nous allons plus loin et nous affirmons
même qu'il est possible, pour la plupart des curés, de publier
une revue paroissiale sans que celle-ci leur coûte un centime.

Supposons en effet un pasteur dont la paroisse compte 7 à
800 habitants et pour laquelle suffirait un tirage de trois cents
et quelques exemplaires. Si, tout en maintenant le principe
de la gratuité pour la généralité des paroissiens, ce pasteur
peut seulement recueillir soixante à soixante-dix abonnements
à 2 francs, soit dans la localité, soit au dehors, non seulement
il n'aura pas à sa charge le moindre frais, mais, tous comptes
faits, il trouvera au bout de l'année un boni de quelques francs
au profit des pauvres ou des œuvres paroissiales. En effet, son
tirage, élevé à 350 exemplaires à cause des abonnements
étrangers, coûtera annuellement 126 francs auxquels il faut
ajouter 5 francs pour affranchissement des exemplaires expédiés hors paroisse, soit un total de 131 francs. Or, les
soixante-dix abonnements auront rapporté 140 francs. Résultat
en fin d'année : un excédent de recettes de neuf francs.

Ce résultat sera proportionnellement le même pour les paroisses plus populeuses ; il pourra être plus satifaisant encore.
Car, si ces paroisses ont besoin d'un tirage plus considérable,
elles peuvent aussi recueillir un plus grand nombre d'abonnements payants.

Il est vrai que les frais d'impression seront, comme nous

l'avons dit, un peu plus élevés, si le pasteur veut fournir lui-même toute la matière de son bulletin, afin de donner à celui-ci une couleur exclusivement locale. Mais enfin, il est prouvé qu'à la rigueur, un Bulletin paroissial peut ne rien coûter au curé qui l'entreprend.

M. Huriet. — Pour éviter encore (chose importante aussi) toute *apparence commerciale* et faire œuvre apostolique, *pas d'abonnement fixe.* Le journal est distribué aux enfants des deux patronages, au sortir de la grand'messe, et ils l'emportent à leurs parents ; il est servi aussi à toute personne qui le demande, et servi *gratuitement.* De fait, les abonnements sont payés par *les offrandes libres.* J'ai plusieurs abonnés à 100 francs. Non seulement les frais sont couverts, mais le surplus entretient le Patronage.

M. Neveu. — N'y a-t-il pas un moyen terme? Abonnement payant et envoi gratuit à quelques personnes, soit pour faire connaître le Bulletin, soit que les gens sont pauvres. Les autres indications peuvent être pratiquées selon les lieux.

M. Rude. — La distribution gratuite serait ce qu'il y a de mieux. Les distributions gratuites avec abonnement facultatif sont possibles partout. Les annonces locales apporteraient une ressource pour la diffusion.

M. Sifflet. — Chacun le distribue selon ses ressources et selon les milieux. Mais pas d'annonces : c'est s'attirer l'inimitié des commerçants non annoncés et le mépris populaire pour tout ce qui est réclame.

M. P..... — Grosse question. Evidemment il ne faut pas songer à faire payer le Bulletin par tout le monde ni même avoir deux classes de lecteurs, les payants et les non-payants. Recourir à l'aumône sous forme quelconque auprès des familles aisées et chrétiennes, me semble, à moi, ici, le meilleur moyen de faire face, en partie, aux dépenses. C'est un des meilleurs placements de fonds pour un curé qui veut faire du bien à ses paroissiens. Je ne regrette pas l'argent que j'y ai déjà consacré. Ah! si les œuvres d'apostolat voulaient nous aider; comme les bulletins surgiraient! Que Dieu éclaire le Congrès et lui fasse trouver là encore une solution parfaite. Je le lui demande et veut prier beaucoup pour le succès du Congrès, dont je serais heureux de lire le compte rendu si mes ressources le permettaient.

M. Galliot. — A distinguer pour les paroisses de ville et celles de la campagne. Je ne parle que de ces dernières et dans mon diocèse. Si des subventions ne sont pas accordées aux curés, impossible à eux pour la plupart, de répandre dans les paroises un bulletin paroissial.

M. Pichat. — Il faut le vendre. Ce qui est gratuit n'est pas apprécié. 1° Abonnements bon marché pour la solde desquels on pourra accepter les retards et même les remises de dettes. — 2° Abonnements un peu plus forts avec cadeau ou prime au jour de l'an. — 3° Abonnements d'honneur un peu plus cher pour les riches dévoués avec citation de leurs noms, v. g., une fois par an dans le Bulletin. Ces cadeaux ou primes devront être des choses utiles aux abonnés pour leur vie ordinaire; pas trop d'objets religieux, ils seraient peut-être mal acceptés. Enfin, des annonces peut-être exclusivement locales à moins qu'il n'y ait pas concurrence. On peut très bien y intéresser les œuvres et les personnes dévouées. Le Bulletin peut très bien servir d'organe aux œuvres qui le soutiendraient.

M. Galliot. — Il faut que le Bulletin soit gratuit, autrement on n'atteindra pas ceux qui ont le plus besoin de lire le Bulletin. Ce serait une bonne idée d'intéresser les œuvres d'apostolat, les associations religieuses paroissiales. Par là on aiderait la bonne presse, et beaucoup de curés de petites paroisses soutenus par ces œuvres pourraient essayer la publication d'un bulletin paroissial.

Voici en quelques mots ce que j'ai fait. Je suis curé de deux paroisses, j'ai à peu près 800 âmes dans mes deux paroisses. J'ai commencé un Bulletin en novembre, gratuitement pour mes paroisses. Je n'avais pas de promesse d'abonnement par avance. Or voici ce que j'ai fait. A des personnes religieuses en dehors de ma paroisse j'ai envoyé le Bulletin; je n'ai pas parlé d'abonnement. Mais presque toutes ces personnes ont compris le but que je poursuivais, et m'ont envoyé leur offrande. J'ai ainsi un nombre d'abonnés presque suffisant pour que l'œuvre continue. Le Bulletin a huit pages et paraît une fois par mois.

M. Bouin. — Quant à la gratuité à laquelle je songe en ce moment, je la regarde *en principe* comme *un mal.*

Pour moi qui n'ai pas de ressources, comme tant de mes confrères je trouve lourd de grever de ce fait mon budget de 150 à 200 fr. par an (avec un tirage de 400 numéros). Je voudrais fixer à 1 fr. par an les abonnements pour la paroisse et à

2 fr. hors de la paroisse, tout en faisant une large distribution gratuite.

Il faut se souvenir que le paysan ne tient pas à ce qui ne lui coûte rien : il devient méfiant, il est fier et méprise la gratuité.

M. Vioche. — Il existe des œuvres de *Bonnes lectures :* on peut en susciter et en ressusciter. Pourquoi les Bulletins paroissiaux ne deviendraient-ils pas les protégés de ces œuvres? La gratuité serait assurée.

M. Robin. — Gratuité ou paiement ? Cela dépend des milieux. Il semble juste que les Associations paroissiales auxquelles le Bulletin servirait d'organe lui accordent quelque subvention; encore ne faudrait-il pas généraliser ce principe. Les abonnements des personnes étrangères à la paroisse peuvent fournir un certain secours. Dans les campagnes, si le bulletin n'est pas gratuit, il n'atteindra pas ceux qui en ont surtout besoin; si on fait appel aux bonnes volontés, ceux qui ont besoin du Bulletin et qui ne veulent rien donner seraient gênés.

M. Fraënzel. — En principe, le Bulletin doit être payant. On le donne à un grand nombre pour rien. Ceux à qui on le donne n'ont pas l'air de recevoir un prospectus mais un cadeau. Je vends le mien à 500 paroissiens environ et je le donne à 1500 autres.

M. Delahaye. — Il faut pourtant décider. Je suis pour le principe de la gratuité.

9

M. Gibier. — Votons.

M. Gonterot. — Il faut faire une distinction sur le principe même. La gratuité ne peut exister complètement pour les grandes villes ; il est bien évident, par exemple, que nous ne pouvons pas distribuer gratuitement tous les mois à Plaisance 35 à 40.000 numéros de notre Bulletin.

M. Schaefer. — C'est trop évident.

M. Brellaz. — C'est évident, mais alors ceux qui en ont le plus besoin ne le reçoivent pas.

M. Soulange-Bodin. — Mais le moyen pratique de faire le contraire ?

M. Brellaz. — Le faire payer à ceux qui le peuvent ou le veulent.

M. Fraënzel. — A Saint-Gervais, nous le donnons quelquefois à l'église pour une solennité. Nous imprimons que ceux qui le désirent gratuitement n'auront qu'à en faire la demande.

M. Delahaye. — J'ai fait l'expérience en partie double. Quand j'ai voulu le vendre, j'ai eu trente abonnés.

M. Brellaz. — Messieurs, il y a aussi, comme moyen de ressources , les **annonces** , locales ou autres , soigneusement choisies ; mais ce moyen, très acceptable dans les grands centres, offrirait des inconvénients dans les petites localités.

M. Verdun. — Quels inconvénients y voyez-vous ?

M. Brellaz. — Distinguons d'abord deux sortes d'annonces : les annonces générales et les annonces locales. Dans les campagnes, le Bulletin tout entier est regardé comme la parole et l'œuvre du curé. Les annonces, comme les autres articles, sont donc considérées comme approuvées, patronnées par le curé. Or, si une annonce alléchante a pour résultat pratique de tromper un acheteur, celui-ci en gardera rancune au curé et, à l'avenir, se méfiera autant des propres paroles du curé que des annonces insérées au Bulletin. Les agences d'annonces, même catholiques, font de la publicité à des maisons fort peu recommandables : c'est toujours le curé qui en portera la responsabilité. Par les annonces locales, on suscite un esprit de jalousie chez les commerçants de la paroisse. Si vous recommandez un épicier, l'épicier voisin sera furieux.

M. Gibier. — Par ailleurs, si vous acceptez les annonces moyennant un tarif, un franc-maçon pourra mettre une annonce dans votre journal, puisqu'il paiera.

M. Verdun. — On est toujours libre de refuser.

M. Gibier. — Non, car alors vous créez des divisions dans la paroisse, ce qu'il faut éviter. Vous feriez du catholicisme ridicule par le pain catholique, la chaussure catholique, le fromage catholique, la meilleure flanelle catholique, etc. Dans les grandes villes cette division est moins à craindre, mais il ne faut pas y songer pour les campagnes.

M. Grandremy. — Pour enlever au curé l'apparence de responsabilité, on pourrait imprimer les annonces sur une feuille séparée.

M. Gonterot. — Vous augmentez alors les frais de poste.

M. Brellaz.—Sur feuille séparée ou non, l'annonce, à la campagne, aura toujours les mêmes inconvénients.

M. Gibier. — Mais quelle utilité voyez-vous aux annonces ?

M. Fraënzel. — Je me suis mis à dos un pharmacien du quartier pour avoir recommandé un de ses confrères.

M. Brellaz. — Les *Croix* et les *Semaines religieuses* ont eu la précaution de déclarer qu'elles ne prennent pas la responsabilité des annonces qu'elles insèrent. Cela n'a rien changé à la manière de voir du paysan. Dès l'instant qu'une annonce est donnée par une feuille catholique, il l'accepte avec confiance en vertu de l'autorité avec laquelle se présente la feuille. J'en ai fait l'expérience dans une *Croix* que j'ai dirigée. Que voulez-vous, il faut prendre le paysan tel qu'il est. A

Paris, et dans les grandes villes, on sait l'importance relative qu'il faut attribuer aux annonces ; à la campagne, il n'en est pas de même.

M. Boyreau. — L'insertion des horaires et annonces des chemins de fer n'a pas le même inconvénient. Au contraire, elle vous procure des billets de faveur... pour se rendre au Congrès.

M. Grandremy. — Voici un système d'annonces qui ne me paraît pas compromettant. Je tire chaque mois 15 à 18.000 exemplaires, de Bulletins divers. Une agence me fournirait 4 pages d'annonces : c'est un rapport de 150 à 200 fr. que je diminuerais sur le prix total d'impression. Il y aurait donc facilité de publication surtout pour les curés pauvres.

M. Brellaz. — Oui, mais si par l'annonce vous détruisez l'autorité et l'influence du Bulletin, quel avantage le curé en retirera-t-il ?

M. Delahaye. — Si vous me le permettez, voici comment je résumerai la discussion :

On pourrait poser en principe la gratuité du Bulletin. Pour la rendre facile, nous aurions recours : 1° aux allocations de la Fabrique, de l'Evêque, des Associations paroissiales, des œuvres, des personnes pieuses, etc. ; 2° en cas d'insuffisance, aux abonnements spé-

ciaux ; 3° enfin aux annonces comme dernière ressource.

M. Grandremy. — Je suis absolument de votre
avis. Certains Bulletins ne reviennent pas à 100 francs
par an.

M. Verdun. — Je demande à faire une proposition.
Je suis directeur d'un journal d'annonces à fort tirage.
J'ai l'intention de m'occuper spécialement des annonces
et j'ai pensé que je pourrais fournir des annonces
générales aux Bulletins paroissiaux qui, vu leur petit
tirage, trouvent difficilement des annonces. Il est certain qu'il faut faire un choix, en particulier, pour les
annonces financières. Tant de braves gens ont déjà été
si indignement trompés qu'il faut être très circonspect
pour laisser aux Bulletins paroissiaux toute leur gra-
vité et leur autorité.

Ceux qui voudraient étudier cette question pourraient
me dire le chiffre de leur tirage, le prix qu'ils voudraient retirer des annonces. Il faut avoir des désirs
modestes, car l'annonce va au journal qui en a beaucoup. Je voudrais qu'on me dise quelles annonces les
Bulletins paroissiaux accepteraient et refuseraient.
Question de choix et de tact.

M. Gonterot. — Il serait préférable que M. Verdun
donnât son adresse afin de permettre aux intéressés de

lui écrire directement, car il y a là un travail considérable.

M. Verdun. — Rue du Four, 40, à Paris.

M. Grandremy. — M. le Secrétaire du Congrès pourrait rédiger un petit questionnaire à l'usage des fondateurs de Bulletins, à peu près dans cette forme :

1° En principe, croyez-vous à l'utilité des annonces pour votre Bulletin? — Pourquoi?

2° Si oui, quel genre d'annonces devez-vous publier?

3° En gardez-vous la responsabilité ou la confiez-vous à un gérant?

4° Réservez-vous les annonces locales? Ne voulez-vous que des annonces générales?

M. Gibier. — Comme il n'y a pas eu entente sur le principe, il faut voter. D'abord pour les annonces, ensuite contre.

M. Gonterot. — La majorité se prononce en faveur des annonces.

M. Brellaz. — Il est bon de remarquer que les congressistes émettent simplement des vœux et ne veulent en aucune façon dicter des lois aux fondateurs passés et futurs de Bulletins. D'ailleurs il faudrait consulter les absents, qui sont les plus nombreux, pour avoir une opinion moyenne.

M. Gibier. — Nous passons à

LA TROISIÈME PARTIE

Nous étudierons ici avec les Bulletins collectifs la question du Bulletin idéal.

M. Brellaz. — Le but pratique de ce Congrès devrait être de promouvoir dans chaque diocèse de France, la création du plus grand nombre possible de Bulletins paroissiaux particuliers de la part des curés qui ont les ressources suffisantes pour cela, et la création, dans chaque diocèse, d'un groupe, au moins, de Bulletins collectifs, pour les paroisses qui ne peuvent, faute de ressources, avoir leur Bulletin spécial à elles seules.

C'est chose assez facilement réalisable. Il suffit de trouver un prêtre zélé et dévoué qui veuille bien prendre l'initiative de cette œuvre si importante.

Le Bulletin paroissial idéal est sans contredit celui qui est fait tout entier et exclusivement pour une seule paroisse. Adapté complètement et exactement aux besoins et à l'esprit de la population, il fera plus de bien. C'est comme un habit fait sur mesure, il va mieux et remplit ordinairement mieux son but que le vêtement acheté dans un magasin de confections.

Toutefois ce Bulletin strictement paroissial n'est malheureusement pas partout réalisable par suite du défaut de ressources.

Comment remédier à cet inconvénient et avoir quand même un Bulletin dans les paroisses si peu fortunées? Par l'Union des Bulletins Paroissiaux Collectifs.

Les *Unions de Bulletins Paroissiaux Collectifs* se proposent de diminuer les frais de publication et de faciliter ainsi la création de Bulletins dans toutes les paroisses, même les plus pauvres. Ces associations groupent plusieurs Bulletins en vue de réduire les frais d'imprimerie. Les Bulletins édités par les *Unions* ont une partie *commune* à toutes les paroisses adhérentes et une partie *spéciale* à chaque paroisse. C'est en répartissant sur l'ensemble des adhérents les frais de publication de la partie commune que les *Unions* arrivent à diminuer considérablement pour chaque adhérent les prix du Bulletin paroissial.

Elles peuvent ainsi rendre de grands services aux curés privés de ressources. J'ai fondé récemment une *Union de Bulletins Collectifs* qui a déjà contribué, en quelques mois, à la création de Bulletins Paroissiaux dans 35 paroisses.

Les Unions ne doivent pas chercher à centraliser l'impression du plus grand nombre possible de Bulletins malgré la diminution de prix qui en résulte. Leur but doit être de faciliter, dans les diverses régions de la France, la création du plus grand nombre possible de Bulletins. Quand ces Bulletins seront assez nombreux dans une région pour pouvoir, à leur tour, former un centre, vivant sans trop de frais, de leurs propres ressources, ils devront se constituer en *groupe indépendant*, en *Union autonome* de Bulletins paroissiaux, éditant des Bulletins collectifs spécialement rédigés pour la population régionale à laquelle ils s'adressent. Ils engloberont peu à peu dans leur union toutes les paroisses de la région et réaliseront ainsi un plus grand bien, parce que leur rédaction sera mieux appropriée à l'esprit de la population.

Il faut viser à constituer un groupe de Bulletins paroissiaux collectifs, sinon dans chaque canton, au moins dans chaque diocèse, et, s'il se peut, dans chaque région différente d'un diocèse.

Les *Unions* de Bulletins peuvent se comparer à une ruche qui nourrit des essaims destinés, quand ils seront assez forts, à former à leur tour de nouvelles ruches.

Il faut donc *décentraliser le plus possible* les groupes de Bulletins paroissiaux collectifs.

Le grand défaut des Bulletins paroissiaux collectifs est de n'être pas exactement appropriés aux populations auxquelles ils s'adressent, car la partie *commune* est la même pour toutes, et parmi les paroisses qui sont entrées dans l'Union, il en est de très différentes par l'esprit et les mœurs. Or, il faudrait parler à chacune de ces populations le langage qui lui convient, et tel article qui fera du bien dans une population agricole, par exemple, n'en produira aucun dans un milieu industriel. Le langage qu'il faut tenir à des paysans n'est pas le même que celui qu'il est bon de parler à des ouvriers d'industrie.

Pour remédier en partie à cet inconvénient sérieux, les *Unions de Bulletins* doivent éditer un double Bulletin : l'un pour les paroisses agricoles, l'autre pour les paroisses industrielles, avec une rédaction de la partie commune différente selon les populations.

Dans les paroisses mi-industrielles, mi-agricoles, on prendra un certain nombre d'exemplaires de l'édition industrielle.

FORME DES BULLETINS PAROISSIAUX COLLECTIFS

Pour atteindre leur but et être vraiment des Bulletins paroissiaux, les Bulletins doivent se composer de deux parties :

1º.Une *partie spéciale* à chaque paroisse comprenant le *titre* du Bulletin portant le nom particulier de la paroisse, et *une*, *deux*, *trois* ou *quatre* pages exclusivement réservées aux communications de M. le curé à ses paroissiens, renfermant la lettre pastorale, la chronique paroissiale, le calendrier paroissial, l'histoire de la paroisse, etc. Le texte de cette partie spéciale est rédigé par M. le curé ou fourni par lui et signé de son nom.

2º Une *partie commune*, contenant les articles d'instruction religieuse, d'éducation des enfants, d'éducation professionnelle, de science ménagère, de variété, etc.

Cette partie — qui est la même pour toutes les paroisses adhérentes — peut être l'œuvre d'un comité de rédaction.

M. Poirier. — Afin d'arriver au Bulletin strictement paroissial, ne vaut-il pas mieux faire un Bulletin moins gros plutôt qu'un gros collectif?

M. Brellaz. — Évidemment.

M. Delahaye. — J'avoue que je serais impuissant à faire un Bulletin de 16 pages. Le mien en a 8, et je fais tout moi-même. A un ami dont on connaît les goûts, on sert des mets selon ses goûts, et on ne les fait pas venir du restaurant. Je préfère rédiger ainsi

8 pages que d'en faire 16 avec des coupures qui ne conviendraient pas à mes paroissiens.

M. Grandremy. — Nos Bulletins sont ordinairement de 16 pages, deux seulement n'ont que 8 pages, deux seulement aussi sont bi-mensuels.

Nos pages sont très compactes : elles contiennent chacune 42 lignes avec 50 caractères au moins par ligne, ce qui représente 2100 à 2500 caractères par page : c'est donc une véritable revue, d'un bon tiers plus importante que les Bulletins qui n'ont que 1500 caractères par page.

Malgré cela, nous les avons mis à des prix aussi réduits que possible, et voici un aperçu de ces prix, en rapport avec la catégorie qu'on préfère.

1re Catégorie : Nous comprenons dans cette catégorie, les Bulletins que le Curé rédige complètement lui-même, et pour lesquels il nous fournit toute la copie. Nous comptons alors pour le premier numéro environ 1 franc par page, soit 16 francs. Le prix de chaque cent serait ensuite de 1 fr. 50 pour le premier mille, et de 1 franc par cent pour le second mille et les suivants.

La *2me Catégorie* comprend les Bulletins pour lesquels le Curé ne nous fournit que la moitié de la copie, comme chronique locale, environ de 8 pages. Les autres pages sont remplies par nous avec des articles généraux qui peuvent servir ainsi à plusieurs Bulletins. Ces articles sont choisis avec soin, et nous veillons à ce que par leur genre religieux et tout apostolique, ils conviennent parfaitement aux populations auxquelles ils s'adressent : ce sont ordinairement des articles de dogme, de morale, des réponses aux objections courantes, des anecdotes selon le genre si goûté de Pierre L'Ermite, etc.

Les prix de cette catégorie seraient à près ceux-ci : Pour le 1er numéro : chaque page de copie fournie par le Curé, serait de 1 franc, les pages fournies par nous seraient chacune de 0 fr. 25, et enfin le prix de chaque cent, après ce premier numéro compté, seraient aussi de 1 fr. 50.

Ainsi un Bulletin de 600 exemplaires, pour lequel le Curé nous fournirait 8 pages de copie, coûteront environ :

1°	8 pages de copie	8 francs.
2°	8 pages générales	2 —
3°	Tirage de 600 à 1 fr. 50	9 —
	Soit	19 francs.

La *3me Catégorie* comprend les Bulletins pour lesquels le Curé ne nous fournit que une, deux ou trois pages de copie. Les conditions de rédaction sont les mêmes que pour la 2ᵐᵉ Catégorie, et les prix sont basés sur le même calcul, c'est-à-dire 1 franc par page de copie fournie; 0 fr. 25 par page d'articles généraux, et 1 fr. 50 de tirage et de papier par cent.

Nous laissons à MM. les Curés toute liberté d'action pour la rédaction et la composition de leurs Bulletins, et les prix que nous donnons ci-dessus ne sont que des prix approximatifs qui peuvent subir quelques modifications. Notre but est de les aider puissamment dans cette œuvre si importante, en leur fournissant des Bulletins à des prix aussi réduits que possible, et en leur donnant toute garantie sur la rédaction des Bulletins, puisque l'autorité diocésaine a tenu à ce qu'un Prêtre ait toujours la Direction morale de l'œuvre.

M. Obert. — Mais l'article général omnibus ne plaît pas toujours, je pourrais citer un exemple...

M. Brellaz. — Ce qui peut se mettre partout n'est, en général, bien à sa place nulle part. C'est pour cela que le Bulletin paroissial spécial est préférable. Ce n'est que la pénurie de ressources qui fait accepter le système des Bulletins collectifs.

M. Delahaye. — Il y a des Bulletins dans le genre de l' « Abeille de Gourville » : c'est très joli, mais peut-être y a-t-il un peu trop de vers.

M. Grandremy. — Il faut laisser toute latitude à chacun.

M. Verdun. — Mais pourquoi avoir 16 pages? Rien n'oblige à cela.

M. Grandremy. — Si, pardon. Le besoin du tirage. Je suis obligé de faire payer autant pour 12 que pour 13.

M. Brellaz. — Il faut décentraliser les groupes de Bulletins collectifs. C'est par ce moyen qu'on arrivera à les répandre.

M. Delahaye. — Puisque beaucoup de prêtres opposent qu'ils n'ont rien à mettre dans le Bulletin, je cède très volontiers ma propriété littéraire et je propose à tous ces Messieurs d'en faire autant.

M. Brellaz. — L'honneur pour nous est d'être pillés le plus possible.

M. Gibier. — Je propose un abonnement gratuit réciproque entre tous les Bulletins paroissiaux.

COMITÉ DE RÉDACTION

M. Brellaz. — Pour donner une vraie valeur à la partie commune des Bulletins paroissiaux collectifs, il serait utile qu'il y eût un sérieux comité de rédacteurs. Ayant une expérience pratique des sujets à traiter, ils s'y spécialiseraient et sauraient donner à leurs articles une solidité d'argumentation propre à mettre la conviction dans l'esprit des lecteurs. Ils y mettraient aussi une tournure attrayante et saisissante : on les lirait avec intérêt, l'attention serait éveillée. Il est très difficile d'écrire *pour le peuple* d'une façon intéressante et compréhensible.

Ce comité de rédaction pourrait faire une sorte de correspondance générale mensuelle ou bi-mensuelle traitant tous les sujets qui peuvent trouver place dans le Bulletin. Elle serait adressée à toutes les Unions de Bulletins paroissiaux, à tous les directeurs de Bulletins spéciaux, qui utiliseraient les articles du comité, à leur gré et selon leurs besoins.

M. Grandremy. — C'est bien compliqué.

Plusieurs voix. — C'est pas pratique.

M. Gonterot. — Cependant, à en juger par certains essais, par l'empressement qu'on a eu de reproduire certains articles, par le souci manifesté ici par tous de n'insérer que des écrits utiles, pratiques, bien tournés, il me semble qu'un comité de ce genre n'est pas à dédaigner, au contraire.

Nous avons essayé de former un Comité. Des écrivains bien appréciés comme M. Delahaye ici présent et M. Brunon, de l'*Écho d'Izieux*, ont décliné notre proposition en termes plus que sympathiques et donnant commo excuse les charges d'un laborieux ministère. Tout en regrettant, nous nous réjouissons de les savoir si occupés. M. Delahaye a placé sur la table des échantillons un gros paquet de son *Écho* : vous n'aurez qu'à en profiter. M. Brunon a eu la gentillesse de nous envoyer un grand nombre de collections presque complètes de l'*Écho d'Izieux*; plusieurs d'entre nous l'ont entre les mains et peuvent juger de la valeur de ce Bulletin et de l'auteur ; je lui enverrai vos meilleurs remercîments.

Nous avons été plus heureux ailleurs. Nous avons cherché des spécialistes pour la morale, l'apologétique, l'éducation, etc.

M. Schaeffer. — Peut-on savoir le nom du rédacteur pour l'apologétique?

M. Gonterot. — Je vous citerai les noms de ceux qui n'ont pas réclamé l'anonyme. Nous avons M. l'abbé Bros, professeur de philosophie à Meaux, qui a dirigé longtemps un groupe de jeunes gens à Paris. M. l'abbé Sifflet, de Lyon, nous a promis aussi son concours. Vous connaissez sans doute son style vif, alerte, populaire ; vous pourrez vous en convaincre par la lecture de deux charmants volumes qu'on trouve à Paris à la librairie Briguet : *Manuel du Catéchiste* et *Vérité Catholique*; ils sont suggestifs.

Pour les centres ouvriers il nous fallait un homme compétent pour écrire des articles de science professionnelle. Faire appel à un économiste distingué eût été attrayant, mais nous y avons renoncé : les économistes de profession représentent presque tous une école et ont rarement le talent de vulgariser leur science. Nous avons pensé qu'un prêtre très versé en ces matières, ayant l'habitude de parler au peuple, de se faire comprendre et qui ne fût pas un simple théoricien répondrait mieux à notre but. M. l'abbé Getty, curé de Saint-Joseph de Mulhouse, a gracieusement accepté d'être notre homme.

Mme Brunhes, que vous connaissez de réputation, veut bien se charger de la science ménagère. Elle ne donnera pas des menus compréhensibles par les bourgeois seuls ; elle n'indiquera pas des recettes qui exigent un luxe d'appareils culinaires inconnus dans le monde ouvrier, non. Mme Brunhes dira ce qu'on peut faire avec les ustensiles d'un ménage ouvrier ; dans beaucoup de circonstances elle remplacera le nom technique et scientifique d'une chose par le nom vulgaire : elle saura se rendre utile aux lecteurs et se faire comprendre. (*Applaudissements.*)

M. Grandremy. — Et la réalisation pratique ?

M. Gonterot. — Tout ne se fait pas à la perfection

en un jour. Les membres de ce comité fourniront un article par mois qu'ils enverront à M. Brellaz. A son tour M. Brellaz en tirera des épreuves qu'il enverra aux directeurs de Bulletins désireux de les utiliser.

M. Brellaz. — J'enverrai cette correspondance dès les premiers jours du mois pour le mois suivant. Le Bon Dieu se chargera bien de me rembourser ces petits frais.

M. Gibier. — Mais il est nécessaire de faire connaître M. Brellaz et M. Grandremy.

M. Gonterot. — Nous avons la liste des adhérents au Congrès, nous leur communiquerons l'adresse de ces Messieurs.

M. Grandremy. — Si M. Brellaz centralise la correspondance du Comité, tous les Curés iront à lui.

M. Brellaz. — Mais non, ce n'est pas la question. D'ailleurs il faut bien que quelqu'un reçoive cette correspondance. Enfin, ce n'est qu'une offre désintéressée que nous faisons. Chacun est libre de l'accepter ou de la refuser.

M. Grandremy. — Ne peut-on pas demander au Comité de faire plusieurs copies?

M. Gonterot. — Nous ne pouvons pas leur demander ce travail. C'est déjà bien gentil de leur part d'accepter cette collaboration.

M. Gibier. — On pourrait centraliser tous ces articles à Paris,

M. Gonterot. — J'ai dit que M. Brellaz recevrait les articles du Comité parce qu'il lui est facile avec son imprimeur sous la main de faire tirer de suite des épreuves sans trop de dépense.

M. Grandremy. — Oui, mais M. Brellaz aura l'avantage de pouvoir mettre ces articles dans ses Bulletins avant nous. Ce sera ensuite un travail de pillage.

M. Gonterot. — M. Brellaz à qui revient presque tout le mérite d'avoir formé ce Comité est bien en droit de recevoir sa correspondance. Mais pour couper court à toutes les difficultés je recevrai les articles du Comité à Paris et j'organiserai un service de communication rapide en faveur des directeurs de Bulletins et d'Unions.

M. Gibier. — Il sera bon de porter cela à la connaissance de Messieurs les Curés, par la voie des journaux.

M. Grandremy. — Il va y avoir dans tous les diocèses la retraite ecclésiastique ; faites imprimer une circulaire pour l'y faire distribuer.

M. Gibier. — Messieurs, il est onze heures. Avant de terminer la séance, on me prie de vous faire cette proposition : Ne serait-il pas bon d'avancer l'ouverture de la dernière séance pour faciliter le départ des congressistes?

Voix nombreuses. — Oui, oui.

M. Gibier. — La séance de ce soir aura donc lieu à 3 heures.

La séance est levée après la prière.

DERNIÈRE SÉANCE

La séance est ouverte par la prière. — M. Gibier préside.

M. Gibier. — Il est regrettable que ce Congrès si utile et si vivant se termine déjà. Nous pourrons nous revoir une autre fois aussi utilement. Vous avez tous apporté beaucoup d'intérêt et d'expérience dans nos discussions : nous vous en remercions. Merci aussi à Messieurs Joulin et Moreau, curés du diocèse de Blois, qui n'ont pas craint de venir à la dernière séance nous apporter le témoignage de leur sympathie.

M. l'abbé Brellaz va nous résumer la question en cours.

M. Brellaz. — Nous avons dit que le Bulletin paroissial idéal est le Bulletin fait entièrement par le curé de chaque paroisse. Mais les Curés n'ont pas toujours les ressources suffisantes qu'exige la publication d'un Bulletin spécial : d'où l'idée des Bulletins collectifs et Unions de Bulletins.

Le but pratique de ce Congrès serait de :

1° Promouvoir dans chaque diocèse la fondation du plus grand nombre possible de Bulletins paroissiaux particuliers là où les ressources sont suffisantes ;

2° Créer des groupes diocésains ou régionaux de Bulletins collectifs pour les paroisses moins favorisées au point de vue des ressources. Il est assez facile de réaliser ce vœu. Il suffit de trouver dans chaque diocèse ou région un prêtre zélé se faisant le promoteur de l'œuvre et la mettant en marche.

CRÉATION D'UN GROUPE DE BULLETINS PAROISSIAUX COLLECTIFS.

Le prêtre de zèle et de dévouement qui voudra créer, dans un diocèse, l'œuvre des Bulletins paroissiaux, devra tout d'abord préparer l'opinion, en faisant paraître dans la *Semaine religieuse* du diocèse, si c'est possible — ou dans la *Croix* régionale ou dans le journal le plus lu par le clergé diocésain, un ou deux articles sur l'utilité du Bulletin paroissial, au point de

vue de l'évangélisation des âmes, de l'esprit paroissial, etc. Mieux vaut ne pas les signer.

Quand l'attention des prêtres aura été suffisamment
éveillée sur ce point et qu'ils se seront fait une idée
nette du Bulletin paroissial et de ses nombreux avantages, il faut faire insérer dans le même journal, plusieurs fois de suite, une simple note à peu près conçue
en ces termes : « MM. les Curés qui désirent fonder
un Bulletin religieux dans leur paroisse sont priés de
s'adresser à M. l'abbé X... (ici le nom et l'adresse du
promoteur de l'œuvre) qui leur en fournira les moyens.
Qu'ils veuillent en même temps lui faire connaître le
nombre d'exemplaires dont ils ont besoin pour leur
paroisse, à raison d'un exemplaire par chaque famille.
— Ce serait de la malchance si, dans tout un diocèse,
on ne trouvait cinq ou six bons prêtres qui manifestent
le désir d'avoir un Bulletin. — Tous réunis, ils deman-
deront, je suppose, 1000 exemplaires.

Le promoteur de l'œuvre qui s'est entendu d'avance
avec un imprimeur sur les conditions de prix — fait
alors ses calculs d'après le nombre de numéros qui lui
est demandé, et adresse à chaque adhérent une note
détaillée lui indiquant ce que coûtera la diffusion d'un
Bulletin dans sa paroisse.

Il faut veiller à ce que le prix relativement peu

élevé du Bulletin attire les adhérents. C'est le cas, si le promoteur de l'œuvre dispose de quelques ressources, de les consacrer à abaisser les conditions de prix, sauf à récupérer plus tard, par l'augmentation du tirage, les sommes avancées.

Pour la même raison, mieux vaut ne commencer qu'avec un Bulletin mensuel de 8 pages, dont quatre — y compris le titre — seraient réservées aux chroniques paroissiales des adhérents et les quatre suivantes aux articles communs d'instruction religieuse et autres.

Les frais d'un Bulletin de 8 pages seront peu élevés, et plus tard, par l'accroissement du tirage, on pourrait, sans augmentation de prix, parvenir au Bulletin de 16 pages.

Quelques conseils pratiques qui ont été expérimentés :

a) Laisser aux adhérents la plus grande liberté pour la rédaction de leur chronique — leur permettre, autant que possible, de l'avoir aussi courte et aussi longue qu'ils la désirent.

Faire payer la chronique paroissiale à part, suivant sa longueur.

b) Ne pas faire, avec l'imprimeur, des prix en bloc, tant par centaine de Bulletins — mais spécifier les prix, tant par ligne ou page de composition, tant pour le papier, tant pour le tirage.

— Il est bon de voir plusieurs imprimeurs afin de connaître leurs différences de prix.

M. Gibier. — Il sera difficile de trouver un représentant par diocèse.

M. Brellaz. — Il faut bien cependant qu'un prêtre centralise la direction et l'administration de l'œuvre, diocésaine ou régionale.

M. Gibier. — Je ne vois pas la nécessité d'un intermédiaire; chacun s'adressera directement, par exemple, à M. le curé de Balan ou à vous.

M. Brellaz. — D'abord, nous ne pourrons suffire à toutes les demandes qui nous seront faites. Et si quelqu'un ne demande à M. le Curé de Balan que 200 numéros, M. le Curé ne peut lui imprimer *spécialement* 200 numéros aux mêmes prix. D'autre part, il faut créer le plus grand nombre possible de groupes de Bulletins, un au moins dans chaque diocèse.

M. Grandremy. — Je pense pouvoir trouver sans intermédiaire assez de prêtres par diocèse pour leur donner un Bulletin collectif tirant à 2000. Je vous renvoie aux prix et conditions déjà fixés ce matin. D'ailleurs vous n'avez qu'à prendre sur la table ma circulaire.

M. Brellaz. — Voici pour ce qui me concerne les conditions de mon Œuvre des Bulletins. Grâce à notre système de mutualité, nos prix sont très réduits.

OEuvre des Bulletins paroissiaux

DOUBLE ÉDITION DE BULLETINS

L'Œuvre édite un double Bulletin mensuel de 16 pages in-8° : l'un, pour les paroisses agricoles ; l'autre, pour les paroisses industrielles des villes et des bourgs.

Chaque Bulletin se compose de *deux* parties : une partie *spéciale* à chaque paroisse adhérente et une partie *commune* à toutes les paroisses adhérentes.

La partie **spéciale** à chaque paroisse ou chronique parois-siale comprend :

1° Le *titre* du Bulletin (page 1) qui porte le nom particulier de la paroisse.

2° Les pages 2, 3, 4 de chaque numéro du Bulletin, qui sont exclusivement réservées aux communications de M. le Curé à ses paroissiens et dont le texte est tout entier rédigé ou fourni par lui sous sa responsabilité.

La partie **commune** (12 pages) contient dans chaque numéro des articles d'instruction religieuse, des articles de morale, d'éducation, de science, des articles spéciaux pour les hommes, des conseils à la mère de famille sur ses devoirs, sur la tenue du ménage, l'hygiène, les soins à donner aux enfants, etc., des recettes pratiques, des devinettes, des bons mots, etc.

Cette partie, rédigée par un groupe de prêtres, tendra toujours à devenir plus parfaite et plus complète, d'après les indications envoyées par MM. les Curés adhérents.

Longueur de la Chronique paroissiale

Les adhérents peuvent, à leur gré, avoir une chronique paroissiale plus ou moins longue.

Ils ont à leur disposition jusqu'à 200 lignes de chronique, à raison de 50 centimes par mille de lettres, soit 3 centimes par ligne de 60 lettres et 3 centimes 1/2 par ligne de 70, 4 centimes par ligne de 80, etc.

La longueur normale de la chronique est de 84 lignes de 60 lettres (5.000 lettres) et coûte **2 fr. 50**

Pour bien établir la longueur de la chronique paroissiale et là faire ni trop courte ni trop étendue, le moyen le plus simple est de l'écrire sur du papier d'une largeur telle qu'il contienne **par ligne** *exactement* 60 lettres de l'écriture de l'adhérent. Écrire ainsi le nombre exact de lignes fixé, **pas davantage.**

Ne pas oublier que le blanc entre chaque mot **compte** en imprimerie **pour une lettre.**

Les **titres** comptent chacun pour **deux lignes.**

Les Ornements, Filets de séparation, etc., comptent également chacun pour **deux lignes.**

Les lignes inachevées comptent pour **une ligne entière.**

Envoi de la Chronique paroissiale

Les chroniques paroissiales vont du 15 au 15 de chaque mois. Les Bulletins paraissant vers le 1er de chaque mois, le texte ou *copie* de la chronique paroissiale doit parvenir *très exactement* au *Directeur de l'Œuvre* **du 14 au 15 du mois précédent, au plus tard**.

Toute chronique paroissiale non arrivée le 16 du mois pourra ne pas être insérée.

Le texte de la chronique paroissiale doit porter en tête le *nom de la paroisse* — être écrit *très lisiblement* — toujours sur **un seul côté** de la feuille de papier ; — les noms propres de personnes, de lieux, etc., devront être en lettres d'imprimerie MAJUSCULES. Dans le texte, il faut souligner d'*un* trait tous les mots que l'on veut faire imprimer en *italiques ; de deux* traits, ceux en caractères **gras**; de *trois* traits, ceux en MAJUSCULES.

Il doit indiquer le *chiffre d'ordre* du Bulletin 1, 2, 3, 4, etc., suivant le nombre des Bulletins déjà parus pour chaque paroisse.

Ecrire la chronique paroissiale sur du papier mince afin de diminuer les frais de port.

Joindre à la chronique paroissiale, *sur feuille séparée*, le nom : 1º de la paroisse ; 2º de l'édition agricole ou industrielle que l'on désire ; 3º le nombre d'exemplaires demandés pour le mois ; 4º l'adresse de l'adhérent ; 5º l'indication du mode d'envoi, de la gare où doit être expédié le colis postal, etc.

Se souvenir que la politique et toute polémique sont absolument bannies du « Bulletin paroissial ».

Le texte de la chronique paroissiale doit être envoyé

de préférence sous enveloppe fermée, timbrée à 15 cent. par 15 gr. Tout envoi *non* ou *insuffisament* affranchi est refusé.

Plusieurs paroisses peuvent se réunir pour n'avoir à elles toutes qu'une *seule* chronique paroissiale dont les frais se répartissent entre elles.

CORRECTION DES ÉPREUVES

Les épreuves d'impression de leur chronique paroissiale sont envoyées à chaque adhérent qui voudra bien les corriger **très attentivement**, en barrant d'un trait les parties fautives et en les récrivant correctement en marge ; puis les renvoyer **directement** à l'imprimeur du groupe, sous pli non fermé affranchi à 5 centimes, par **retour du courrier**, afin d'éviter du retard dans le tirage et l'expédition des Bulletins.

CONDITION DE PRIX

L'Œuvre s'interdisant tout bénéfice, les prix sont réduits le plus possible et diminuent avec l'augmentation du tirage. Ils sont actuellement ainsi fixés :

Bulletins, *avec chronique paroissiale*, 2 fr. le cent.

La chronique paroissiale se paie à part, suivant sa longueur.

Il n'est pas expédié *moins* de 100 exemplaires par paroisse. Au-dessus de 100, on peut demander les Bulletins par nombres ronds de 5, 10, 15, 20, 25, etc., exemplaires.

Le titre du Bulletin est commun à tous, mais il porte le nom de la paroisse.

Ainsi un Bulletin de 600 exemplaires, coûtera :

600 exemplaires, à 2 fr.	12 fr.
Chronique paroissiale de 5000 lettres ou trois pages,	2 50
soit,	14 50

Expédition

Le port des Bulletins est à la charge du destinataire. Ils lui seront adressés par le moyen qu'il indiquera. Le mode d'envoi le plus économique est le *colis postal en gare*. Les colis de Bulletins sont envoyés très exactement le mardi qui précède le dimanche le plus rapproché du 1er jour du mois. Le retard, s'il y en a, est imputable au chemin de fer.

Un colis postal de 3 kilog. contient environ 160 bulletins et coûte 60 cent.

Un colis postal de 5 kilog. contient environ 250 bulletins et coûte 80 cent.

Un colis postal de 10 kilog. contient environ 500 bulletins et coûte 1 fr. 25.

Plusieurs paroisses peuvent se grouper pour recevoir leurs bulletins en un *seul* colis.

Prière d'indiquer exactement l'adresse du destinataire, nom, bureau de poste et gare.

Paiement des factures

L'Œuvre n'ayant aucun fonds de réserve, les factures doivent être payées très régulièrement le 16 de chaque mois avec l'envoi de la chronique paroissiale. Le talon du mandat sert de reçu ; il faut le conserver en cas de perte du mandat.

Toute chronique non accompagnée du montant intégral de la facture du mois précédent ne sera pas acceptée et l'envoi des Bulletins sera supprimé pour le mois suivant.

Formalités légales

La loi sur la Presse exige une déclaration de publication faite au Parquet sur papier timbré, un gérant responsable et un dépôt légal de *six* exemplaires pour chaque numéro du Bulletin, etc.

L'Œuvre se charge de remplir gratuitement toutes les formalités de déclaration, de gérance, de dépôt, etc. Mais :

1º Tout nouvel adhérent doit payer, une fois pour toutes, 60 centimes pour les frais de papier timbré de la déclaration ;

2º Il est prélevé d'office sur chaque colis des Bulletins les *six* exemplaires exigés pour le dépôt légal. Fixer en conséquence le nombre des exemplaires demandés.

DISTRIBUTION DES BULLETINS

Par raison d'économie, les Bulletins sont expédiés *non pliés*. Nous conseillons à nos adhérents de les distribuer, comme plusieurs le font déjà, *pliés*, *coupés* et *cousus*. On peut les obtenir pliés et cousus à l'imprimerie, moyennant une augmentation de prix.

COMITÉS DE RÉDACTION

Les Comités de rédaction du *Bulletin paroissial* sont au complet. Toutefois nous prions nos adhérents de vouloir bien nous adresser, les articles, histoires, récits, recettes, bons mots, récréations, etc., qui pourraient être utilement insérés dans le Bulletin.

ECHANGE DES BULLETINS

Le nombre considérable des paroisses adhérentes ne permet pas de mettre dans le colis de chaque paroisse un exemplaire du Bulletin des autres paroisses. Les adhérents voudront bien faire entre eux à leur gré l'échange de leurs Bulletins. Cet échange peut être très utile.

PROPAGANDE

Nous demandons à tous nos adhérents de faire connaître notre œuvre à leurs confrères et de susciter autour d'eux la fondation du plus grand nombre possible de Bulletins paroissiaux. Le bien des âmes y gagnera. De plus nos conditions de prix déjà très réduites le seront encore davantage quand nous serons plus nombreux. Nous comptons pour cette propagande sur le zèle et le dévouement de tous nos adhérents.

OBSERVATIONS CRITIQUES

La Direction de l'Œuvre recevra avec reconnaissance toutes les observations critiques, tous les bons conseils concernant la rédaction, l'administration, le fonctionnement du Bulletin et les mettra à profit dans la mesure du possible. Nous demandons instamment à tous nos adhérents une prière quotidienne pour que l'Œuvre soit utile au bien des âmes, seul but poursuivi par l'Union des *Bulletins paroissiaux*.

Toutes les chroniques paroissiales, toutes les demandes de renseignements, toutes les communications doivent, *jusqu'à nouvel avis*, être adressées à M. l'abbé BRELLAZ, à NIORT (Deux-Sèvres).

M. Delahaye. — Pour arriver à cela il faut tenir compte de l'avantage d'un bon imprimeur que vous avez sous la main.

M. Gibier. — Oui, c'est ce qui facilite beaucoup l'édition d'un joli bulletin.

M. Brellaz. — Voici quelques renseignements utiles sur la *confection matérielle d'un bulletin*.

La confection matérielle d'un Bulletin, au point de vue typographique, comprend trois opérations principales : la *composition*, la *mise en pages*, — le *tirage*.

La COMPOSITION est l'arrangement des caractères d'imprimerie, de façon à reproduire les mots et les phrases de l'article à imprimer.

Elle se paie ordinairement au *mille* de caractères employés.

Ce prix varie de 40 à 70 centimes suivant les régions et les tarifs des ouvriers typographes. Le prix moyen est de 50 centimes.

La MISE EN PAGES est la disposition des articles imprimés en colonnes et en pages à la suite les uns des autres. Le prix de la mise en pages est proportionnel au temps employé.

Le TIRAGE est l'opération par laquelle on met les feuilles de papier sous presse en contact avec les caractères, de façon à les imprimer.

Le prix du tirage est variable et est aussi proportionnel au temps employé. — Il est de 3 à 5 francs pour le tirage de mille Bulletins.

Le papier se différencie principalement par sa qualité, son format, son poids à la rame.

Pour un Bulletin de 16 pages in-8 on se sert ordinairement du papier format coquille (feuille d'environ 56 centim. de long. sur 44 centim. de larg.).

Le papier pesant 7 ou 8 kilog. à la rame est suffisamment fort pour le Bulletin.

Une rame se compose de 500 feuilles; il faut par conséquent deux rames de papier pour 1000 exemplaires, soit 14 ou 16 kilog. de papier. Le papier se vend, soit à la rame, soit aux 100 kilog.

Le papier format coquille, du prix de 2 fr. 50 à 3 fr. 50 la rame, ou de 35 à 45 francs les 100 kilog. convient pour un Bulletin. De cette façon, le papier pour 1000 exemplaires coûte de 5 à 7 francs.

Si l'on y ajoute 4 à 5 francs pour le tirage des 1000 exemplaires, les 1000 exemplaires reviennent à 10 ou 12 francs, soit environ 1 franc ou 1 fr. 20 les cent exemplaires. Il faut y ajouter le prix de la composition qui se répartit sur le nombre d'exemplaires du tirage.

Si l'on se contente d'un Bulletin de 8 pages, le prix du papier sera diminué de moitié.

M. Grandremy. — Je tire 1000 à l'heure et je paye à l'imprimeur 0 fr. 50 l'heure.

M. Ambler. — A Paris, il faut 0 fr. 70 l'heure.

M. Obert. — Il vaut mieux payer un peu plus et avoir un Bulletin propre et bien imprimé.

M. Brellaz. — Surtout, il faut mettre à la base de

toutes nos œuvres la justice qui exige tout d'abord que l'on paie aux ouvriers un salaire qui soit suffisamment rémunérateur.

M. Grandremy. — Mes ouvriers reçoivent 0 fr. 50, ils ne réclament pas ; je ne puis pourtant pas les forcer à me demander une augmentation.

M. Gibier. — Ne nous avançons pas si loin dans les questions professionnelles, nous n'y sommes pas assez compétents.

M. Brellaz. — Enfin, comme dernières indications, voici quelles sont les formalités à remplir pour la publication d'une feuille, journal ou Bulletin, etc.

FORMALITÉS LÉGALES

Pour la publication d'un périodique, la loi sur la presse exige deux formalités principales : la *gérance* et le dépôt de quatre exemplaires.

1° Il faut un gérant. Pour être gérant, il faut être Français et jouir de ses droits civils et politiques.

Au moment de sa prise de gérance, le gérant doit adresser au Procureur de la République de sa région judiciaire la déclaration suivante, sur feuille de papier timbré à 60 centimes :

« Je soussigné (nom, prénoms, profession et domicile) né à   , le   , déclare à M. le Procureur de le République

à   , qu'à partir du   je serai le gérant du Bulletin
paroissial de   ; s'imprimant chez M. (nom de l'imprimeur),
imprimeur à   , et paraissant (tous les mois, ou deux fois
par mois, etc.). Le premier numéro signé de ma main sera
celui du   .

> À   (la localité), le   (date) 19   .
>
> (Signature). »

Pour les Bulletins paroissiaux collectifs, chaque
paroisse adhérente doit faire une déclaration.

Il vaut mieux n'avoir qu'un seul gérant pour tous les
Bulletins.

2° Quant au dépôt légal, le gérant doit déposer
quatre exemplaires de chaque bulletin différent, signés
de sa main à la dernière page. Ce dépôt doit se faire à
la mairie de la résidence du gérant et il doit retirer un
récépissé du dépôt.

Si le gérant habite une ville préfecture ou sous-
préfecture, le dépôt doit être fait non à la mairie, mais
deux à la préfecture ou à la sous-préfecture et *deux*
au parquet. L'imprimeur doit, de son côté, déposer
deux exemplaires.

MODÈLE DE DÉCLARATION POUR LE COLPORTAGE DES JOURNAUX ET BULLETINS, ETC.

Quand un porteur ne doit distribuer le Bulletin que dans
sa commune, il n'est besoin que de déposer une déclaration

de colportage à la mairie. En échange, on lui remettra aussitôt un récépissé. Pour la distribution dans le département, on n'aura qu'à remplacer « Monsieur le Maire » par « Monsieur le Préfet », ajouter les phrases indiquées à la fin et l'envoyer à la préfecture. Cette déclaration est faite sur papier libre et il n'y a rien à payer.

        , le   *19* .

Monsieur le Maire,

Le ou la soussigné   *, profession de*   , *demeurant*   *, né le*   *18* , *à*   , *département d*   *, a l'honneur de vous déclarer qu'il est dans l'intention d'exercer la profession de colporteur de livres, écrits, brochures, journaux, dessins, gravures, lithographies et photographies dans la commune (ou dans le département) d*   .

— Veuillez agréer, Monsieur le Maire, l'hommage de mon profond respect.

                                 (Signature).

Quand un porteur veut distribuer dans plusieurs communes, il doit adresser sa demande à la sous-préfecture; s'il l'adresse à la préfecture, il pourra distribuer dans tout le département.

LA LOI

Il est bon que les intéressés connaissent la loi qui régit actuellement le colportage, voilà pourquoi nous donnons l'extrait du décret qui règle la matière.

Extrait de la circulaire du 9 novembre 1881 du ministre de la Justice (signé Cazot) sur la loi du 29 juillet 1881.

COLPORTAGE ET VENTE SUR LA VOIE PUBLIQUE

La loi affranchit les colporteurs et distributeurs de l'autorisation préalable; elle supprime le catalogue et le livret. Elle astreint les colporteurs et distributeurs à la seule déclaration de leurs nom, prénoms, profession, domicile, âge et lieu de naissance. Il leur en est délivré un récépissé qui doit être présenté à toute réquisition. La distribution et le colportage accidentels sont entièrement libres; ils sont exemptés de la formalité même de la déclaration. Il n'est pas nécessaire que le colporteur soit Français et jouisse de ses droits civils et politiques; ces conditions, exigées par le projet de loi primitif, ont été supprimées au cours de la discussion, avec l'obligation du catalogue et du livret.

Pour jouir du bénéfice de ces dispositions, *il faut et il suffit* de faire une déclaration selon le modèle ci-dessus.

La déclaration n'est généralement pas nécessaire pour la distribution du Bulletin, qui peut être considérée comme *accidentelle*. Mais si l'on redoute quelques difficultés de la part d'une administration hostile, il est mieux de s'en munir.

R. P. Lafforgue. — N'ayant pu assister à toutes les séances du Congrès, je demande la permission de revenir sur quelques points pour exprimer ma pensée, surtout sur ce qui concerne les articles spéciaux à mettre dans les Bulletins paroissiaux pour les hommes.

Il faut aller aux hommes pour reconstituer en France la famille chrétienne. — L'année dernière, le R. P. Fontan avait parlé au Congrès de Plaisance de la formation des hommes par les Œuvres. C'est au sortir de vos réunions qu'il parvint à faire accepter l'idée de ce magnifique pèlerinage d'hommes à Lourdes qui étonna la France entière par son succès. Il faut que le second Congrès de Plaisance ait un égal souci de l'apostolat des hommes.

D'après les notices et les discussions sur les Bulletins paroissiaux, il ressort qu'on devrait toujours y mettre un article spécial pour les hommes. — Il faut particulièrement soigner ces articles. Que ce soient des articles vécus ! Pour cela parlez des manifestations nationales et régionales d'hommes. Rendez compte des cérémonies d'hommes faites à la paroisse. Le pèlerinage national d'hommes seuls a donné une première et grande impulsion. Par sa périodicité annuelle qui a été décidée, il donnera chaque année un nouvel élan au mouvement.

M. Gibier. — Ces manifestations sont excellentes, mais il y aurait à se garder d'un excès en les multipliant ; le déplacement fréquent en masse est onéreux,

fatigant, et quelque peu pernicieux à la vie paroissiale.

R. P. Lafforgue. — C'est très vrai ; mais les manifestations d'hommes dans chaque paroisse n'ont pas cet
inconvénient. Pour maintenir l'ardeur et pour retirer
des fruits, qu'on renouvelle dans chaque paroisse les
quatre grandes cérémonies de Lourdes : la profession
de foi catholique, la promulgation de la loi, la consé-
cration au Sacré-Cœur et à la Sainte-Vierge, la réno-
vation des promesses du Baptême et de la Confirmation. Après ces émouvantes cérémonies, il est facile
de fonder une confrérie d'hommes et d'organiser les
hommes dans les paroisses.

Le Bulletin en rapportant tout cela par le détail sera
intéressant alors pour les hommes.

M. Gibier. — Croyez-vous utile, Messieurs, avant
de nous séparer, d'émettre quelques vœux?

X... — Je propose que chaque Curé engage son
voisin à fonder un Bulletin.

M. Delahaye. — Y aura-t-il un compte rendu de
ce Congrès? Qui va le publier?

M. Gonterot. — Avec M. Brellaz, nous nous en
chargeons.

M. Delahaye. — Je renouvelle ce que j'ai déjà

dit : Chacun devrait sucer la moëlle de tous les Bulletins pour en faire profiter le sien.

M. Gibier. — Messieurs, le Congrès est terminé. Il nous reste à indiquer le sujet de nos études pour l'année prochaine.

R. P. Lafforgue. — Les œuvres d'hommes.

M. Gibier. — Oui, c'est très important.

M. Gonterot. — Puisque nous devons chaque année avoir cette réunion d'études, ne vaut-il pas mieux procéder d'une façon logique et prendre la famille paroissiale par son début. Nous n'avons pas encore les mêmes craintes pour les petits enfants que pour les grands. Aussi pourrions-nous les passer sous silence. Mais dès l'année prochaine je vous propose d'étudier les moyens de persévérance pour les jeunes gens et les jeunes filles immédiatement après la 1re communion. Ce n'est d'ailleurs qu'à titre d'indication que ces propositions sont faites.

R. P. Gourat. — Oui, oui, la persévérance de la jeunesse, c'est la base des œuvres d'hommes.

M. Schaefer. — C'est vrai, nous suivrons au moins un programme logique.

Après consultation, l'assemblée se prononce en faveur de la Persévérance.

M. Delahaye. — Quel que soit le sujet traité l'année prochaine, je demande qu'on revienne un instant sur les Bulletins paroissiaux pour savoir ce qui aura été fait.

M. Gibier termine par une petite allocution où il remercie M. le curé de Plaisance et les congressistes. MM. les Secrétaires charmés par la délicatesse et l'à-propos des expressions de M. Gibier ont oublié de noter cette allocution tant ils ont été occupés à écouter.

M. Soulange-Bodin. — Je vous invite tous : à l'année prochaine. Je serai toujours heureux de mettre mes salles à votre disposition. Comme hier nous allons recevoir la bénédiction du Saint-Sacrement à la Crypte et exprimer à Dieu notre reconnaissance pour les deux journées si intéressantes et si instructives qu'Il nous a permis de passer.

A l'année prochaine.

L. J. C.

LISTE des Bulletins connus au Secrétariat

LOCALITÉ.	ADRESSE POSTALE.	DÉPARTEMENT.	TITRE DU BULLETIN.	DIOCÈSE.
Albert.		Somme.	La Quinzaine paroissiale.	Amiens.
Allainville.	par Outarville.	Loiret.	Bulletin paroissial.	Orléans.
Ambarès.		Gironde.	Calend. par. de St-Pierre (*annuel*).	Bordeaux.
Andelot-Montagne.		Jura.	Andelot-Paroisse.	Saint-Claude.
Argenteuil.		Seine-et-Oise	Petite Revue paroissiale.	Versailles.
Aujac.	par Genolhac.	Gard.	Bulletin paroissial.	Nîmes.
Baian.	par Sedan.	Ardennes.	Bulletin paroissial.	Reims.
Bassan.	par Béziers.	Hérault.	Messager paroissial.	Montpellier.
Bastia.		Corse.	Bulletin paroissial de Saint-Jean	Ajaccio.
Bayas.	par Guîtres.	Gironde.	Messager paroissial de	Bordeaux.
Besançon.	*le curé de St-Claude*	Doubs.	Bulletin paroissial de Besançon.	Besançon.
Blevaincourt.	par Rozières.	Vosges.	Bulletin paroissial.	Saint-Dié.
Bonnevaux.	par Genolhac.	Gard.	Bulletin paroissial.	Nîmes.
Bordeaux.		Gironde.	Bull. de St-Ferdinand (*annuel*).	Bordeaux.
Boullay-Thierry.	par Nogent-le-Roi.	Eure-et-Loir.	Bulletin paroissial.	Chartres.
Boulogne-sur-Mer.		Pas-de-Calais	Echo de Saint-Pierre.	Arras.
Bouthéon.	par Saint-Galmier.	Loire.	Messager paroissial.	Lyon.
Brantôme.		Dordogne.	Echo pastoral.	Périgueux.
Brest.	24, rue Colbert.	Finistère.	Echo paroissial.	Quimper.
Brûlain.	par Prahecq.	Deux-Sèvres.	Bulletin paroissial.	Poitiers.

LOCALITÉ.	ADRESSE POSTALE.	DÉPARTEMENT.	TITRE DU BULLETIN.	DIOCÈSE.
Cahors.		Lot.	Bulletin paroissial du Sacré-Cœur	Cahors.
Carpiquet.	par Caen.	Calvados.	Bulletin paroissial du Sacré-Cœur	Bayeux.
Chalon-sur-Saône		Saône-et-L.	Bulletin paroissial de St-Vincent.	Autun.
Chambon.	par Chamborigaud.	Gard.	Bulletin paroissial.	Nimes.
Champeaux.	par Champdeniers.	Deux-Sèvres.	Bulletin paroissial.	Poitiers.
Chaource.		Aube.	Bulletin paroissial.	Troyes.
Chapelle-St-Mesmin		Loiret.	Echo de	Orléans.
Charpey.		Drôme.	Echo de Saint-Didier.	Valence.
Chassors.	par Jarnac.	Charente.	Messager paroissial.	Angoulême.
Chaville.		Seine-et-Oise	La Paroisse de N.-D. de	Versailles.
Choux (Les).		Loiret.	Bulletin paroissial.	Orléans.
Clichy.		Seine.	Messager de St-Vincent de Paul.	Paris.
Cornay.	par Grandpré.	Ardennes.	Bulletin paroissial.	Reims.
Coudray-au-Perche.	p. Nogent-le-Rotrou	Eure-et-Loir.	Bulletin paroissial.	Chartres.
Coulours.	par Cerisiers.	Yonne.	La Paroisse.	Sens.
Courdemanges.	par Vitry-le-Franç.	Marne.	Bulletin paroissial.	Châlons.
Croix-de-Vie.	par St-Gilles-s-Vie.	Vendée.	Saint-Pierre.	Luçon.
Decize.		Nièvre.	Bulletin paroissial.	Nevers.
Dezizes.	par Paris-l'Hôpital.	Saône-et-L.	Messager paroissial.	Autun.
Engenville.	par Pithiviers.	Loiret.	La Paroisse.	Orléans.
Erceville.	par Outarville.	Loiret.	Bulletin paroissial.	Orléans.
Épinal.	10, rue Haute.	Vosges.	Epinal-Catholique.	Saint-Dié.
Escurolle.		Allier.	Bulletin paroissial.	Moulins.

LOCALITÉS.	ADRESSE POSTALE.	DÉPARTEMENT.	TITRE DES BULLETINS.	DIOCÈSE.
Faronville.	par Outarville.	Loiret.	Bulletin paroissial.	Orléans.
Férolles.	par Jargeau.	Loiret.	Bulletin paroissial.	Orléans.
Fismes.		Marne.	Bulletin paroissial.	Reims.
Fontenille.	par Mansles.	Charente.	Bulletin paroissial.	Angoulême.
Fougères.		Ille-et-Vil.	Bulletin paroissial.	Rennes.
Fourchambault.		Nièvre.	Bulletin paroissial de St-Gabriel.	Nevers.
Frasnay-Reugny.	par Aulezy.	Nièvre.	Bulletin paroissial.	Nevers.
Genolhac.		Gard.	Bulletin paroissial.	Nîmes.
Giaire.	par Sedan.	Ardennes.	Bulletin paroissial.	Reims.
Gourville.	par Aigre.	Charente.	L'Abeille paroissiale.	Angoulême.
Groix.	(Ile de Groix.	Morbihan.	La Croix de l'île de Groix.	Vannes.
Herpy.	par Château-Porcien	Ardennes.	Echo de Sainte-Claire.	Reims.
Hiesse.	par Confolens.	Charente.	Bulletin paroissial.	Angoulême.
Houville.	par Chartres.	Eure-et-Loir	La Paroisse.	Chartres.
Ile d'Yeu.		Vendée.	La Croix de l'Ile d'Yeu (*bi-mens.*)	Luçon.
Issirac.	St-Julien-Peyrolas.	Gard.	Bulletin paroissial.	Nîmes.
Izieux.		Loire,	Echo d'	Lyon.
Janailhac.	par Nexon.	Hte-Vienne.	Messager paroissial.	Limoges.
Josnes.		Loir-et-Cher.	Le Josnes catholique.	Blois.
Josselin.		Morbihan.	Le Lys de N.-D. du Roncier.	Vannes.
Juillé.	par Mansle.	Charente	Messager paroissial.	Angoulême.
Juniville.		Ardennes.	Bulletin paroissial.	Reims.

LOCALITÉS.	ADRESSE POSTALE.	DÉPARTEMENT.	TITRE DES BULLETINS.	DIOCÈSE.
Kremlin-Bicêtre.	1, r. Carnot, Gentilly	Seine.	Notre Cloche.	Paris.
Lempdes.	par Aulnat.	Puy-de-D.	Messager paroissial.	Le Puy.
Libourne.		Gironde.	Calendrier paroissial de St-Jean.	Bordeaux.
Lingèvres.	par Tilly-s-Seulles	Calvados.	Bulletin paroissial.	Bayeux.
Luché-sur-Brioux.	par Saint-Varent.	Deux-Sèvres	Bulletin paroissial.	Poitiers.
Lyon.		Rhône.	Bull. paroissial du Bon Pasteur.	Lyon.
Lyon.		Rhône.	Chron. paroissiale de St-Augustin	Lyon.
Lyon.		Rhône.	Le Petit Paroissial de la Rédemp.	Lyon.
Lyon.		Rhône.	Bulletin du Cercle de St-Bruno.	Lyon.
Machine (La).		Nièvre.	Bulletin paroissial.	Nevers.
Malesherbes.		Loiret.	Bulletin paroissial.	Orléans.
Marigny.	par Souvigny.	Allier.	Bulletin paroissial.	Moulins.
Ménétréol-s-Vatan.	par Vatan.	Indre.	Bulletin paroissial.	Bourges.
Mersuay.	par Faverney.	Hte-Saône.	Messager paroissial.	Besançon.
Mée (Le).	par Châteaudun.	Eure-et-L.	Bulletin paroissial.	Chartres.
Meung-sur-Loire.		Loiret.	Almanach paroissial.	Orléans.
Mièges.	par Nozeroy.	Jura.	Messager mensuel.	Saint-Claude.
Migné.		Vienne.	Bulletin paroissial.	Poitiers.
Millery.		Rhône.	Messager paroissial.	Lyon.
Mortiers.	par Dercy.	Aisne.	L'Eclaireur-Instructeur.	Soissons.
Morville.	par Sermaises.	Loiret.	Echo de	Orléans.
Moulinet (Le).	par Lorris.	Loiret.	Bulletin paroissial.	Orléans.
Montgaugnier.	par Mirebeau.	Vienne.	Bulletin paroissial.	Poitiers.

LOCALITÉS.	ADRESSE POSTALE.	DÉPARTEMENT.	TITRE DES BULLETINS.	DIOCÈSE.
Naintré.		Vienne.	Bulletin paroissial.	Poitiers.
Nauroy.	par Bellicourt.	Aisne.	Bulletin paroissial.	Soissons.
Néoules.	par Gareoult.	Var.	Néoules-Revue.	Fréjus.
Noirmoutiers.		Vendée.	Echo de St-Philbert.	Luçon.
Nontron.		Dordogne.	Bulletin religieux.	Périgueux.
Olivet.		Loiret.	Bull. de la paroisse de St-Martin	Orléans.
Orléans.		Loiret.	Bulletin de St-Paterne.	Orléans.
Paris.	32, r. Etienne-Dolet	Seine.	L'Ami de Ménilmontant.	Paris.
Paris.	24, boul. St-Marcel.	Seine.	L'Ami du Quartier.	Paris.
Paris.	182, r. de Vanves.	Seine.	Le Courrier de N.-D. du Rosaire.	Paris.
Paris.	174, r. Championnet	Seine.	L'Echo de Championnet.	Paris.
Paris.	10, rue Schomer.	Seine.	L'Echo de Plaisance.	Paris.
Paris.	13, rue Littré.	Seine.	La Paroisse bretonne.	Paris.
Paris.	62, av. de Clichy.	Seine.	La Voix de St-Michel.	Paris.
Passavant.		Marne.	Bulletin paroissial	Châlons.
Paudy.		Indre.	Bulletin paroissial.	Bourges.
Péruse (La).	par Chabanais.	Charente.	Mess.-ger paroissial.	Angoulême.
Pouffonds.	par Melle.	Deux-Sèvres	Bulletin paroissial.	Poitiers.
Puyréaux.	par Mansle.	Charente.	Messager paroissial.	Angoulême.
Reims.		Marne.	Bull. paroissial de Ste-Geneviève.	Reims.
Renwez.		Ardennes.	Bulletin paroissial du doyenné.	Reims.
Richemont.	par Cognac.	Charente.	Messager paroissial.	Angoulême.

LOCALITÉS.	ADRESSE POSTALE.	DÉPARTEMENT.	TITRE DES BULLETINS.	DIOCÈSE.
Rigny-le-Ferron.		Aube.	Bulletin paroissial.	Troyes.
Rillé.		Indre-et-L.	Bulletin paroissial.	Tours.
Rom.	par Couhé-Vérac.	Deux-Sèvres	Bulletin paroissial.	Poitiers.
Roumazières.	par Chabanais.	Charente.	Messager paroissial.	Angoulême.
Ruy.	par Bourgoin.	Isère.	Bulletin paroissial.	Grenoble.
St-Etienne.		Loire.	Messager de Montaud.	Lyon.
St-Etienne.		Loire.	Bull. paroiss. de La Nativité.	Lyon.
St-Fons.		Rhône.	Bulletin paroissial.	Grenoble.
St-Gengoux-le-Nat.		Saône-et-L.	Bull. des paroisses de l'archiprêt.	Autun.
St-Hilaire-la-Palud		Deux-Sèvres	Bulletin paroissial.	Poitiers.
St-Mart.-Coailleux.		Loire.	Petit bulletin paroissial.	Lyon.
St-Michel de-Frons.	par Fronsac.	Gironde.	Bulletin paroissial.	Bordeaux.
St-Péravy-Epreux.	par Outarville.	Loiret.	Bulletin paroissial.	Orléans.
St-Pierre-de-Mons.	par Langon.	Gironde.	Bulletin paroissial.	Bordeaux.
St-Projet.	par Larochefoucauld	Charente.	Messager paroissial.	Angoulême.
St-Vincent-la-Chât.	par Melle.	Deux-Sèvres	Bulletin paroissial.	Poitiers.
St-Walfroy.	par Margut.	Ardennes.	Echo de	Reims.
Ste-Ouenne.	par Champdeniers.	Deux-Sèvres	Bulletin paroissial.	Poitiers
Samonac.	par Bourg.	Gironde.	Bulletin paroissial.	Bordeaux.
Sennecey.		Saône-et-L.	Bulletin paroissial.	Autun.
Servon.	par Brie-Cte-Robert	Seine-et-M.	Bulletin paroissial.	Meaux.
Sin-le-Noble.		Nord.	La Quinzaine paroissiale.	Cambrai.
Sommevoire.		Hte-Marne.	Messager paroissial.	Langres.
Souancé.	par Nogent-le-Rot.	Eure-et-Loir	Bull. p. de N.-D.-des-Champs.	Chartres.

LOCALITÉS.	ADRESSE POSTALE.	DÉPARTEMENT.	TITRE DES BULLETINS.	DIOCÈSE.
Stains.		Seine.	Echo de Ste-Marie.	Paris.
Suris.	par Chabanais.	Charente.	Messager paroissial.	Angoulême.
Sennevières.	par Loches.	Indre-et-L.	Bulletin paroissial.	Tours.
Tâtre (Le).	Baignes-Ste-Radeg.	Charente.	Messager paroissial.	Angoulême.
Tiffauges.		Vendée.	Le Pain bénit.	Luçon.
Tivernon.	Toury (E.-et-L.).	Loiret.	Echo de	Orléans.
Totainville.	par Rouvres.	Vosges.	Bull. du Xaintois catholique.	St-Dié.
Toul.		M.-et-Mosel.	Journ. du Patronage (*paroissial*).	Nancy.
Toulouse.		Hte-Garonne	Bull. paroissial de St-Sylve.	Toulouse.
Tournus.	*Curé de la Madeleine*	Saône-et-L.	Bull. paroissial de la Madeleine.	Autun.
Tournus.	*Curé de S. Philibert*	Saône-et-L.	L'Abbaye de Tournus.	Autun.
Touvérac.	Baignes-Ste-Radeg.	Charente.	Messager paroissial.	Angoulême.
Uchizy.		Saône-et-L.	Messager paroissial.	Autun.
Val d'Or	*Le Curé d'Avenay.*	Marne.	Bull. du Val d'or (*5 paroisses*).	Reims.
Vannes.	*Curé de St-Patern.*	Morbihan.	Le Clocher de St-Patern.	Vannes.
Vernarède (La).	par Chamborigaud.	Gard.	Bulletin paroissial.	Nîmes.
Vilhonneur.	par Larochefoucauld	Charente.	Bulletin paroissial.	Angoulême.
Vouillon.	par Ambrault.	Indre.	Bulletin paroissial.	Bourges.
Yères.		Seine-et-O.	Bulletin paroissial.	Versailles.

AVIS

Au moment de mettre sous presse nous recevons de M. l'abbé Brellaz la lettre suivante :

« Cher monsieur l'Abbé,

« Ce mois-ci, à cause du trop grand nombre des adhérents à mon Œuvre des Bulletins, mon imprimeur en a refusé HUIT nouveaux. parce qne, dit-il, il n'a pas le temps matériel pour les imprimer. Quoique le nombre de mes adhérents ne soit pas encore asssez considérable pour une aussi grande décentralisation, je me décide à scinder mon œuvre en quatre groupes régionaux :

« 1° Un au Nord, à Paris, et je vous en offre la direction ;

« 2° Un à l'Est, à Lyon, sous la direction de M. l'abbé Sifflet ;

« 3° Un au Sud, que j'offre aux Missionnaires du Travail de Tarbes;

« 4° Et un à l'Ouest dont je garde la direction. Ces groupes ne fonctionneront que lorsqu'ils seront assez pourvus d'adhérents pour vivre de leurs propres ressources. Ils formeront une fédération, ayant un règlement commun portant sur l'identité de programme — celui élaboré au Congrès de Plaisance — sur la physionomie d'articles et de typographie, et sur l'identité de prix. . . . .

. . . .

« Ce n'est pas une sinécure que je vous offre mais une œuvre de labeur et de persévérance, où les difficultés abondent; je sais qu'elles ne vous effraient pas. . .

. . . .

« J. BRELLAZ. »

BULLETINS PAROISSIAUX

Depuis le dernier Congrès tenu à Plaisance en septembre les bulletins paroissiaux se sont multipliés d'une façon prodigieuse. L'œuvre des bulletins collectifs fondée à Niort par M. l'abbé Brellaz, pour en faciliter la publication aux paroisses peu fortunées a pris une extension si considérable, qu'il a fallu la scinder en plusieurs groupes régionaux.

Quatre groupes sont actuellement formés : **Un à Niort** (*groupe de l'Ouest*), sous la direction de M. l'abbé Pasquier, curé de Sainte-Ouenne, par Champdeniers (Deux-Sèvres) ;

Un à Lyon (*groupe de l'Est*), dont la direction est confiée à M. l'abbé Sifflet, aumônier à l'école professionnelle de la Salle, 5, rue Masson.

Un à Paris (*groupe du Nord et du Centre*), sous la direction de M. l'abbé Gonterot, vicaire à N.-D. de Plaisance, 10, rue Schomer.

Un à Tarbes (*groupe du Midi*) sous la direction du R. P. Labrousse, des missionnaires du Travail.

Les bulletins publiés par les différents groupes auront le même programme, la même rédaction, mais plus appropriée à l'esprit de la population régionale, et la même disposition typographique que les Bulletins édités précédemment.

Pour tous les renseignements sur le fonctionnement de l'œuvre, s'adresser aux directeurs des groupes.

Nous rappelons que le *Bulletin paroissial*, tel qu'il est compris dans l'œuvre de M. l'abbé Brellaz, se propose : 1° de restaurer et d'entretenir la vie paroissiale ; 2° de donner aux paroissiens l'éducation chrétienne au quadruple point de vue religieux, familial, professionnel et social.

Son programme peut se résumer dans les points suivants : *Instruction religieuse. — Education des enfants. — Education professionnelle de l'ouvrier. — Education ménagère de la mère de Famille. — Pas de polémique.*

En février paraîtront le *Compte rendu du congrès des*

Bulletins paroissiaux, tenu à Plaisance, au mois de septembre dernier, et le *Manuel pratique du Bulletin paroissial,* par M. l'abbé Brellaz. Ces deux documents feront mieux connaître quel puissant instrument d'apostolat et de formation chrétienne est le Bulletin paroissial, entre les mains des prêtres qui savent s'en servir.

M. l'abbé Gonterot est dès maintenant à la disposition de MM. les Curés de son groupe qui voudront lui confier la publication d'un Bulletin pour leur paroisse.

TABLE DES MATIÈRES

Saint-Maixent (Deux-Sèvres). — Emile PAYET, imprimeur
de l'Union des Bulletins Paroissiaux.